晚明泉州的士大夫：開海、商業與宗教

李孝悌　著

目次

自序

我在過去十幾年，因為考察和研習營，去過泉州好幾次。第一次就被開元寺和天后宮的悠久歷史，以及寺院建築的宏偉、精緻所震懾。參觀了天后宮後，我們還專程到附近的李贄故居走了一趟，並被中庭中墓碑上的姓氏所困惑。一直到今天，我仔細讀了李贄的傳記、作品和相關研究，才解決了當時的困惑。

我到泉州前，曾經在南港中研院主持並看完一齣以孫悟空大戰鐵扇公主的泉州提線木偶戲的精彩演出。只見舞台上，三種不同大小的木偶，從地上、天上和中間飛來飛去地呈現出這場世紀大戰的慘烈和熱鬧，真是精彩絕倫。大禮堂裡裡外外擠滿了一千多名觀眾，有的像我是初體驗，有的則是幾年前在同一個場地看過後，就此念念不忘，提前來排隊占位。我的印象中，在大禮堂內的表演，從來不曾如此「轟動武林、驚動萬教」。對我自己來說，這真是一場讓人驚豔的演出。

後來我和同事有機會到泉州看了朋友招待的梨園戲演出，看完後，立刻打聽如何可以買到下一場演出的門票。我們也以更大的渴望，探聽木偶戲演出的任何訊息，但最後都只能留下一個美麗、難忘的記憶，悵然離去。那個時候最大的感觸，就是泉州有這麼多豐富動人的文化資源，但當地人似乎不以為意，也沒有任何推廣、促銷的概念。

泉州來回幾次，我慢慢產生了一個念頭：也許將來有機會，可以寫一些有關泉州宗教、戲曲的文章。過去兩三年，這個念頭慢慢醞釀成形，最後決定以「晚明泉州的士大夫」為題，看看他們文章中呈現的泉州是何等面貌。由於我過去多年的研究，都環繞著晚明江南，所以我也決定在本書的開頭，將兩個區域的文化作一個概略的比較，讓讀者和我自己都能對這兩個區域文化的特色和風貌，有比較深入的了解。

剛開始，我對泉州這幾位都被歸類為「理學家」的學者，並沒有太多期待，等到花了大量時間，仔細讀完他們豐富的著述後，才知道這些人不只是理學家和官員，在仕宦和講學之外，他們還以各具風格的文采、動人的文筆和清晰的論理、析事，為我們講述了從官員到商人、婦女、處士、儒生和各種有特殊能力的非凡之士的精彩故事。這些記載有的是歷史敘事，有些則像《天方夜譚》一樣，把我們帶到超凡世界的每一個角落。合而觀之，這些記事，為我們呈現晚明泉州居民的集體圖像或心態。這些圖像和心態，都是我們在江南文人的作品中看不到的。

寫完全書，唯一讓我失望的是，在這些卷帙浩繁，多達幾百萬字的記載中，提到戲曲的，只有兩三則，而且都是浮光掠影式地一閃而過。中間的問題何在，還有待進一步的研究。

當我確定以晚明泉州為題後，廈門大學的鄭振滿教授和鄭莉教授給了一些概略性的建議，我要特別謝謝他們的好意，可惜我在本書中無法用到《福建宗教碑銘彙編：泉州府分冊》中的豐富收藏。我還要特別謝謝史語所的同事邱仲麟教授在資料選擇、借閱上的大力協助。我也要謝謝和我去過泉州幾次的王鴻泰教授、盧正恆博士和我在中央歷史所的學生鄭育瑜先生，在資料搜集、借閱上的各種協助。我也要特別謝謝涂豐恩總編輯的支持與大力協助，讓本書能夠順利而快速地出版。蔡忠穎先生專業而條理清晰的建議與編校，也給了我極大的助益。

第一章　導論

明代泉州的衰微

承續唐以來的對外開放政策，宋元時代的泉州有著輝煌的海上交通，中外交通貿易蓬勃發展。這種盛況一直持續到明初，仍未稍減，外國商人和使節多由泉州來華。[1]但也就是從明太祖開始，新的政策，讓泉州的地位受到嚴重的打擊。太祖一反宋、元以來不重朝貢而重貿易的趨向，建立了所謂的「朝貢制度」，再加上從明初以來海盜與倭寇的不斷侵略。為了對付這些問題，明廷厲行海禁政策，嚴禁華人下海通藩，遂使得數百年來繁盛的海外貿易一落千丈。

在新的「朝貢制度」下，海外諸國欲與中國通商，必須先在政治上與明朝建立宗藩關係，接受中國的冊封，奉朔稱臣；然後由中國頒給貢船勘合，才能附帶貨物來華，進行三天到五天的有限度的貿易，稱為「封貢貿易」。此外，所有的私人貿易都被禁止。泉州市舶司成為只負責接待琉球一國貢使的專職機關，過去繁盛的海上貿易乃趨式微。[2]

成、宣時代雖極力開拓海外貿易，並清除海盜，以利外商往來，但對於國人欲出海興販者，仍嚴令禁止，且更甚於太祖時代。成祖即位之初，除令有司申嚴海禁外，永樂二年（一四〇四），並令民間所有海船，一律改為平頭，使不得下海。[3]正德四、五年（一五〇九、一五一〇）起，雖然一度弛禁，卻使得海上的亂象更難控制，旋即禁止。[4]嘉靖年間（一五二二—一五六六），浙江、福建沿海的倭寇問題日趨嚴重，私商、海盜與倭寇結合為亂。嘉靖即位後，重申海禁政策，[5]也因此引發了封禁與開海禁的議論，我們在下一章中會詳細討論。

明末商品經濟的影響

福建沿海城鎮雖然長期受到海禁政策的困擾，但明中期以後，商品經濟的繁榮，也逐漸波及這塊地區。到了嘉靖、萬曆年間，社會經濟大為發展：「沿海府縣城鎮，如福州府府城、長樂、福清，泉州府府城、安平、惠安、北鎮、輞川、德化、同安、永春，漳州府府城龍溪、龍巖、海澄等，無論靠海或依山，只要有為商品市場生產農林、手工產品，外銷省內他郡、國內他省與國外，或當地有人民從事海內外貿易的，均因商品經濟的發展而成為繁榮的城鎮。」[6]

論者以為，十四世紀是泉州作為中國最大海上轉口港的黃金時代，直到新興的明王朝於一三七四年禁絕對外，泉州才沒落。到十六世紀期間，泉州的氣勢輸給新冒出頭的對手漳州。[7] 但因為來自泉州的李旦兄弟以泉州為母港，而李旦兄弟又是日本南端數百位華商的領袖，他們以平戶為基地，壟斷了外商想進入中國貿易的窗口。由於他們在福建商界、官場的人脈，所以在平戶、長崎的荷蘭人和英國人，只要對他們提供的服務進行賄賂，就可以打開在福建進行貿易的後門。[8] 泉州出了這樣得意的子弟，加上泉州代表性精英對商業活動的支持和提倡，所以即使在漳州的月港成為福建人出海貿易的主要港口，泉州在十六世紀承平時期，仍能維持繁榮的局面。

商品經濟的繁榮，對泉州社會風氣的影響，就像我們在江南等地所見一樣，越趨奢侈。泉州因為海外貿易的繁盛，沿海城鎮人民在服飾、飲食上均極講究，「用度益奢」。一般人民，「履絲曳縞」，「服競華麗」，「比比而然」。[9]《萬曆泉州府志》說：「晉江人文甲於諸邑，石湖、安平，番舶去處，大半市易上國及諸島夷，稍習機利，不能如山谷淳樸矣。……婚嫁頗尚侈，而善作淫巧之匠，導其流而波之。」[10]

《乾隆泉州府志》則指出，晉江和同安兩縣的逾越現象特別普遍：「習俗之趨尚為豪侈。」《隆慶府志》云：「家無擔石，非色絲盛服不出。」《萬曆府志》云：

「牛醫馬傭之卑賤，炫然搖曳於都市。」《同安縣志》云：「服食華美，奴隸之輩與縉紳等。及今兒商賈胥役之徒，美服食、僕妾、輿馬，置良田好宅，履絲曳縞，擲雉呼盧以相誇耀，比比而然。甚者，少年輕俏窄袖、禿巾衣冠，多不循制度，以自為容悅。晉同二邑為尤多也。」《隆慶府志》云：「婚姻則縻金帛。」《萬曆府志》云：「冠禮少行，三加婚嫁頗尚侈靡。割裂繒帛，章施采綉，雕金鏤玉，工費十倍。」《惠安縣志》云：「婚嫁頗計資送，唯一二大家為甚。近十數年，此風稍息。縉紳之家，非極富厚，不用金。裙釵之屬，隨意資送。獨至鄉里小民，嫁娶論財或買巨室婢為妻，非數十金不可得。是貴易而賤反難矣。」[11]

盛產茶葉的安溪也不遑多讓：「邇則侈美相高，用度靡費，民間稍蓋匱乏，坊市中尤事花鳥，擊筑彈箏之達，達于宵夜；寖失朴篤之風。」[12]

這段淋漓盡致的描寫，讓我們看到晚明泉州和轄下區域，在日常生活中奢靡之風的普及，和江南等地毫無差別。這些記載中，比較值得我們注意的是縉紳態度的轉變。顯然在萬曆期間，大多數的縉紳在婚禮上的花費是相當有節制的。這個轉變，讓我們在本書中介紹的幾位代表性士紳的生活風貌不致顯得太過突兀。

不過在進入這部分的討論前，我們應該先簡單地勾勒一下這個時期泉州地理環境、物產和文化特色的一些最基本面貌。

泉州概觀

本書主角之一的何喬遠在其代表作《閩書》中，有如下的描述：「泉州，枕山而負海，田再易，園有荔枝、龍眼之利，焙而乾之，行天下。沿海之民，魚蝦蠃蛤蚶多於羹稻，懸島絕嶼以網罟為耕耘。附山之民，墾闢磽确，植蔗煮糖，黑白之糖行天下。地狹人稠，行賈寡出疆，仰粟於外，上吳越而下東廣。百工技藝，不能為天下先，敏而善仿。」「行而南，安平一鎮盡海頭，經商行賈力於徽歙，入海而貿夷，差強貲用。」[13]「南安，去晉江可十里，土壤滋沃，宜瓜蔬之屬，荔支之實，視晉江差勝。有溪山之觀。其人質率尚意氣，而皆有鄒魯之風」「惠安，地少壤多，宜稻三之，宜麥一之，登麥之後是種番薯，可以支歲。……北鎮之布行天下。海市曰輞川，鱗介之所出也。家豢雞鵝羊豕，可以鬻他郡。」「安溪，山水清澈，有建、劍之象。……行賈通於永安、大田，民負鹽入鬻之，而皆盜鹽也。」[14]

上面的描述，特別指出泉州因為耕地不足，各地人民轉而行商各地乃至出海與西方人貿易的現象。這種對商業、貿易的依賴，是泉州文化中極為重要的特色。

除了商業，泉州人對自己悠久的儒家傳統，也引以為傲：「有教化而後有人心，有人心而後有風俗。泉自唐以來，席相、當袞倡導於前，蔡襄、王十朋諸賢激揚於後，重以紫陽過化之區，薪傳不絕。鄉先生遺澤類足以陶淑後輩，海濱鄒魯之稱，厥有由也。」[15]「同安自朱子簿邑以來，禮義風行，習俗淳厚。士多穎異能文，以節氣自厲。」[16]「同安，朱文公之所過化也，其韻猶在。其君子厲節，而其小人任天。……其民敦儉。士多讀書，取高第不成者，去而之刀筆。」[17]

「按泉郡人文之盛，甲於全閩。人佔舉而戶絃歌。自宋至明，士以理學經濟為務，恥為詩賦文詞之習。及嘉隆以後，鄉前輩博洽淹通。出其餘緒，皆足以爭衡上國。我朝文治，誕敷海濱，盈溢經學之儒，彬彬輩出。黨塾子弟，年力髫齡，多有能誦十三經者。晉邑歲科童子赴院試者，幾至五千人，他邑亦不減十之二三。」[18]

除了儒學之外，泉州亦稱佛國：「泉之為郡，風俗淳厚，其人樂善，素稱佛國。」「泉地風氣溫融，人素質實……昔人號曰佛國。」「吾泉素稱民淳訟簡，昔人至以佛國為之號。既以佛待泉，人人固有未然者。」[19]

與佛國相關聯的是寺廟、鬼神與堪輿風水之風。從隆慶四年（一五七〇）到萬曆二年（一五七四）擔任惠安知縣而卓有政聲的葉春及（一五三四－一五九五），在他編撰的《惠安政書》[20]中特別指出泉州寺廟之多：「閩人俗鬼，尤好解祠之事。邑僅僅輻員八十，叢祀至五百五十一。腏食群神，快割俛仰之養，大率家巫史矣。」[21]當時雖然有不少官員毀淫祠的記載，但像葉全部毀掉的做法，大概是前所少見，難怪會引起極大的波瀾：「叢祠，邑有五百五十一所，余皆毀之。時固引蒼梧吳公為順德令，壞淫祠為書院，使者計竹木斤兩罪之，至下獄。果有謗余者，言余利像有金喉。余歎曰：『狄公當時毀祠，不知得金幾何也？』幸上官明，不行其謗，而余免吳公之辱。嗟夫！俗之信鬼也如是。」[22]

寺廟固然是群眾日常生活的重心，在泉州也成為許多士大夫讀書的所在：「吾溫陵人文之盛，晉江一邑與海內諸名邦相抗衡。……惟濱海為島夷之販，安平鎮其最著矣。至於紳士之家，惟書而已。堪輿家云：郡清紫二山對峙，秀穎甲天下第。二山之支，如兩垂手，至水口不相管攝，故人文盛而財賦損也！嘉隆以來，士人讀書多在開元、承天二寺。尋丈之室，歲僦一金。至於文廟兩廡、尊經閣、先賢祠宇及附郭山寺，皆老生耆宿授徒之所。極至十室之內，必有書舍。」在既是佛國，又是海濱鄒魯的泉州，寺廟與儒生作了最巧妙的結合。

佛教之盛、寺廟之多，自然滋生了龐雜的鬼神信仰：「泉人頗惑于鬼神之說，故疾病死喪多未合禮。宋安溪令陳宓詩云：時人信巫紙多燒，病不求醫令自活。」嘉定條例云：「民之有喪，富者侈費而違禮。」《隆慶府志》云：「居喪用浮屠，疾病求符禱。」《惠安縣志》云：「俗頗務鬼神機祥，小數窮鄉無醫藥，有病則禱於神。及今此風猶然。」而且不僅平民百姓如此，縉紳之家也少有例外：「縉紳之族，能摒斥浮屠者，邑數家耳。其餘喪事，率致僧道，鼓鐃之聲音與哭泣競，焚褚錢以數十萬計。鄉邨之民，病則扶鸞檯神，或延巫覡，噴油履火。此民俗之最疑惑者也。」[23]

這種扶鸞檯神、噴油履火的盛況，大概就是台灣今天盛行的乩童文化，在明末的江南似乎看不到類似的宗教活動。

除了祠廟鬼神，泉州文化另一個重要的特色是堪輿風水之說：「泉州風水之說，惑人尤深。《萬曆府志》云：『郭璞《葬經》，遞相肄習。急則牙角交搆，緩則遷延歲月，雖再世不葬，恬然安之。蓋泉地阻山窄狹，非如江浙以北，平洋廣土，可以族葬之法施之。故吉穴凶穴以及斬傷之說，不盡無驗。但為子孫者，苟得可安之地，妥其先靈足矣！乃習俗之非，自昔已然，今則愈甚。每聽地師及土棍指使，於他人墳山妄生覬覦。賢宦裔微，或至邱隴不庇，甚至僕混主地，孫侵族穴，往往而有。更有近山大姓，恃轄負嶼，凡遇人家葬墳，輒行阻止，得賄乃已，名曰索埔。』」[24]郭璞的《葬經》，被視為中國風水學之祖。但如上述引文所說，江浙以北的地區，平洋廣土，不像泉州地阻山狹，如何找到一塊妥適的土地安葬先人，就成為每個人生活中的大事。合乎風水的土地有限，在惡劣的競爭下，出現了「僕混主地，孫侵族穴」之類嚴重背離儒家倫理的亂象。比較起來，累世不葬，也就成為一項不得已的選擇。

萬曆三十三年（一六〇五）在泉州府擔任經歷的陳懋仁，對泉州的山川、古跡、禽魚、花木以及郡縣事實，有非常詳細、具體的記載。[25]他對泉州人在尋求風水葬地上的激烈競爭，有極生動的描寫：「泉俗最重堪輿，雖以己地營葬，鄰家必嚴不相容。一日，有宦裔黃生乞地於東山公，公以其狀屬余曰：『黃司農昔在南曹司帑，棄千金而不取，致死無以為殮，今櫬歸四年，猶貧無葬地，清宦安可為乎？所乞二山果閒曠，或天留以埋玉，未可知也。該司躬蒞一勘，庶賢大夫有馬鬣，亦有司表墓之遺思也。』」[26]

陳懋仁顯然自己也頗知堪輿之學，接受了泉州知府的建議，親自前往探勘，最後成功地說服了黃司農的後人放棄這方寸之地：「余往勘所乞之山，緊迫三墳，適當其上，三氏子孫所必爭，非寢丘可比。且巘阿峻折，靈輀有崎嶇之危，若臨穴齗沮，英魄盧入土之安，要須無競，始利窀穸。公然余言，黃亦亟止。少焉，三氏之族百許人轟闐余廨，余出成案視之，乃謝而退。」[27]三姓族人怒轟官署的行動，也說明了泉州人對風水寶地生死以之的堅持。

從上面的描述裡，我們可以歸納出泉州文化幾個最重要的特色：儒學、佛學、宗教、風水和商業。拿這幾點和晚明江南文化作一些對比，我們就可以進一步看出兩個地區文化的特色和異同。

晚明江南

對於「明清江南地區」的界定，歷來學者根據不同的標準而有不同的說法。李伯重主張用太湖水系作界定的標準，在這個水系範圍內的八府一州：蘇州、松江、常州、鎮江、江寧、杭州、嘉興、湖州等八府以及太倉州，構成了我們所謂的明清江南。[28]

不過我在這裡對晚明江南文化的描述，並不是從這個地理區域出發，而是藉著在南京、蘇州、杭州、紹興等地長期或短期居住的幾位文人士大夫的著作與生平，來呈現晚明江南文化的特色。這些作者包括冒襄（一六一一—一六九三）、侯方域（一六一八—一六五五）、余懷（一六一六—一六九六）、張岱（一五九七—一六八九）以及文震亨（一五八五—一六四五）。這些文人有幾個特色，第一是都出身仕宦之家，但本身都在科舉之路上受到挫折。除了文震亨曾在天啟五年（一六二五）舉恩貢，並因為擅於書法，而被提拔到北京成為中書舍人，一直在朝中任官，崇禎十三年（一六四〇），因為牽連到朋黨之事，與黃道周同時下獄，後放歸，回到蘇州；[29]其他幾個人都放棄了科舉仕宦，轉為文人。

第二，這些人雖然都在南京等地度過風流放浪的少年歲月，但其實都對現實政治有著深切的關懷。冒襄、侯方域在崇禎十一年（一六三八）簽署了〈南都放亂揭〉，對諂事魏忠賢的阮大鋮提出強烈的批評，被阮大鋮視為必欲除之的禍首。[30]冒襄曾加入東林黨，並於崇禎九年（一六三六）在秦淮河上的桃葉渡大會東林諸孤。和冒襄、侯方域、方以智並列「明末四公子」的陳貞慧（一六〇四—一六五六）過世後，他的遺孤陳其年長期待在冒襄的水繪園中。他這樣描寫冒辟疆在二十九歲時，以近乎招搖的姿態，來到歌舞昇平，不知大亂之將至的南京：「時先人與冒先生來金陵，飾車騎，通賓客，尤喜與桐城嘉善組孤兒游，游則必置酒，召歌舞。」[31]

在明亡後，冒襄沒有走上殉國之路，而是回到家鄉如皋，在先人的基業上建立了廣闊的水繪園。他在此經常性地大會四方名士和前明遺民，將這座極園亭聲伎之盛的世外桃源經營成一個遺民的世界。賓客中除了明末四公子，還包括了東林、幾社、復社諸先達，乃至方伎隱逸、貧賤子弟之倫。靠著對晚明的回憶，在水繪園中複製出明末江南的風華。這種繫聲華、風雅與名節、操守於一身的特色，和那些悲苦卓絕的十七世紀遺民相比，確實引人注目。[32]

《桃花扇》的男主角侯方域，出身官宦之家。其父侯恂，在崇禎年間累官為兵部侍郎、戶部尚書，父祖皆明末東林黨人。崇禎十二年（一六三九），二十二歲的侯方域以國子監生員的身分參加南京的舉人考試，不幸落第。在此之前，他已經結識了不少復社、幾社的名士。到南京後，四方文人雲集，因而結識了冒襄、陳貞慧、方以智，成為「復社四公子」，參與了對阮大鋮的鬥爭。落榜後，他又與復社諸子舉國門廣業之社，數月而罷。年底，返回家鄉商丘。[33]

余懷因在其名著《板橋雜記》中，對秦淮名妓所作的「哀感頑豔」的記述，而流傳於世。他也同樣積極地投身在政治運動中。余懷於萬曆四十四年（一六一六），出生在福建莆田。但從幼年起，就隨父母長期寓居金陵，再也沒有回過故鄉。他自幼好學，博覽群書，侯方域在為他的詩集寫的序言中，說他「少而十五歲能詩」。他的詩文受到吳偉業和南京兵部尚書范景文的賞識，以布衣之身，被聘入范景文幕為「平安書記」。崇禎十五年（一六四二），他應試南闈，但名落孫山，從此絕意於仕途。[34]

余懷從年輕時，就有匡世之心，關心時局，廣交各地豪俊，並參加了復社的活動。積極進行對閹黨和阮大鋮的鬥爭。明朝滅亡後，他和張岱一樣，參加了反抗清軍的武裝鬥爭。根據陳寅恪在《柳如是別傳》第五章的考證，余懷和他的長子余賓碩都是復明運動的成員。[35]康熙初年，各地的抗清運動逐漸平息，余懷見事不可為，乃以遺民身分，遷居蘇州。他不仕新朝，廣泛地從事學術文化活動，作品只記干支，不書清朝年號。[36]康熙三十三年（一六九四）春，七十九歲的余懷，親自到揚州，拜訪好友張潮，《板橋雜記》終於得以出版。[37]

文震亨，一五八五年生於蘇州府長洲縣一個顯赫的「簪纓世族」，早慧於文，年輕時喜游歷。文氏家族在整個長江三角洲地區都有巨大的聲望。曾祖文徵明與沈周、唐寅、仇英並稱為「明四家」，其官至翰林院待詔，以書畫詩文著稱於世，又與祝允明、唐寅、徐禎卿並稱「吳中四才子」。祖父文彭、叔祖父文嘉、文台和父親文元發均為書畫名家。兄長文震孟為天啟二年（一六二二）狀元，官至禮部尚書、東閣大學士。

文震亨少為諸生，鄉試屢挫。天啟元年（一六二一）卒業於南京國子監。第二年，目睹他的長兄殿試第一，他意欲仿效，但卻在一六二四年的舉人考試中失利，此後他就放棄了科舉。天啟五年（一六二五）舉恩貢。天啟六年（一六二六），參加蘇州民眾反對魏忠賢閹黨逮捕吏部文選司員外郎周順昌的鬥爭。崇禎十三年（一六四〇），與黃道周同時下獄，後放歸，回到蘇州。

福王於南京登基後，召之復職。未及新授，南明弘光元年（一六四五），清兵攻陷南京，六月攻占蘇州城。文震亨避於陽澄湖，聞剃髮令下，投河自盡，雖為家人救起，終憂憤絕食殉國，享壽六十一歲。乾隆追謚其「節愍」。在晚明這些知名的文士中，是少數選擇以身殉國者。[38]

張岱雖然在晚明過著「繁華靡麗」的生活，並沒有參與復社的活動，但卻對熹宗朝魏忠賢和其黨羽種種迫害忠良的行動，和他的敗亡，高度關注。在閹黨的刺激下，張岱決心寫一部詳細的明朝史。此外，他看出魏忠賢的故事蘊含戲劇張力，在事件爆發之初，似乎就已著手以魏忠賢的一生起落為題材寫一齣戲。魏忠賢垮台後一年多，《冰山》在紹興公開表演，觀眾反應十分熱烈。崇禎四年（一六三一），張岱二度北上山東，這回帶著戲班，為父親獻演《冰山》。當時看戲的人裡頭有不少在崇禎初年後在京為官，他們把親身經歷告訴張岱，張岱也將之寫入戲中。[39]

明亡後，張岱深深感慨「繁華靡麗，過眼皆空」。[40]魯王監國失敗後，在清軍的四處追捕下，他被迫逃離紹興故居，並依照好友祁彪佳自盡殉國前的囑咐，逃到附近的山中，繼續寫作《石匱書》。在最初幾年，「布衣蔬食，常至斷炊」。這種困窘的生活，持續了近二十年。[41]一六五四年，張岱初步完成了《石匱書》這部近三百萬字的明代紀傳體通史，對明亡國的歷史悲劇，作了深刻的反思。[42]

這些人除了都關心時政，並參與了和阮大鋮的鬥爭，在亡國後，也選擇身殉、抗清、出家、入山著述等各種艱難的道路，表達他們的故國之思。除了政治外，這些人和晚明泉州士大夫最大的差異，是沒有人從事儒學的研究。他們反而是以最大的熱情營造出雅緻的生活品味，為晚明文化留下絢麗璀璨的光彩，也大大豐富了文人文化的內容。

在這套雅緻、頹廢的文人文化中，秦淮名妓無疑地是一個要素。冒襄在水繪園中複製的晚明江南文化中，舊院名妓董小宛當然是一大支柱。除了在古典文學上的共同愛好，兩人在水繪園鄉居九年的生活中，對名香、品茶、飲食之道上的講求，都可以和《陶庵夢憶》、《長物志》共相輝映。

崇禎十二年（一六三九）來到南京的侯方域，除了尋求聲氣相投的有志之士外，最大的收穫，就是在舊院結識了李香君，為千古名劇留下了最讓人傷感的亂世戀情。《桃花扇》第五齣，描寫客中無聊的侯方域，春情難耐，前往舊院探密。在柳敬亭的指引下，來到李香君居住的媚香樓，經過一番周折，終於見到了渴慕已久的佳人：「小生河南侯朝宗，一向渴慕，今才遂願。」「虎邱新茶，泡來奉敬。」就在這種煮茗看花的雅緻情景中，侯方域在李香君的邀請下，即席賦詩一首：「南國佳人佩，休教袖裡藏；隨郎團扇影，搖動一身香。」[43]侯方域在回鄉後寫的〈李姬傳〉一文中，曾描寫他與香君交往互動的經過：「雪苑侯生，己卯來金陵，與相識，姬嘗邀侯生為詩，而自歌以償之。」接下來，侯方域描寫了兩人悲傷的別離：「未幾，侯生下第。姬置酒桃葉渡，歌《琵琶詞》以送之。曰：『公子才名文藻，雅不減中郎。中郎學不補行，今《琵琶詞》所傳詞固妄，然嘗昵董卓，不可掩也。公子豪邁不羈，又失意，此去相見未可期，願終自愛，無忘妾所歌《琵琶詞》也！妾亦不復歌矣！』」[44]李香君從十三歲起和蘇崑生學崑曲，「尤工《琵琶詞》，然不輕發也」。[45]對侯方域了解至深，也愛戀至深的李香君，以就此不歌的決絕姿態，為這部偉大的史詩之作和兩人斷裂的情愛，留下了千古的遺憾。

余懷對舊院的鶯顛燕狂和長板橋的清風明月，作了最典雅的描述。一個個頭角崢嶸的秦淮名妓，因為《板橋雜記》而流芳於後世。這本書在一七七二年，第一次被翻成日文，成為江戶冶遊情色文化的濫觴。明末金陵，也因為這本書，在日本讀者中成為「慾界之仙都」、「昇平之樂國」。[46]陳寅恪對余懷及其著作尤有深入研究和高度評價。在《柳如是別傳》中，也一再引用余懷的《板橋雜記》，給予精彩的評述。[47]

而余懷自己則和李十娘交往最為密切，用了最多篇幅來描寫李十娘的住宅和個性：「性嗜潔，能鼓琴清歌，略涉文墨，愛文人才士。」余懷每有同人詩文之會，一定在十娘雅緻疑非塵境的宅院舉行。每位客人都有精婢一名，侍硯席，磨墨焚香。宴席中茶果不斷，「暮則合樂酒宴，盡歡而散」。其時天下大亂，像侯方域一樣渡江而南的北方名士不絕於途。李十娘的秦淮院落，遂成為談笑有鴻儒的避世之所：「於時流寇訌江北，名士渡江僑金陵者甚眾，莫不艷羨李十娘也。」[48]

經常往來紹興、南京、杭州、蘇州等地的張岱，雖然不曾在舊院流連，但在《陶庵夢憶》中，卻有一則關於秦淮名妓的記載：和方以智關係密切，同樣出身桐城的孫克咸，寵愛珠市名妓王月。一般來說，珠市的妓女，無論姿色、氣勢和居住的房舍都無法和舊院相頡頏。但王月因為「頎身玉立，皓齒明眸，異常妖冶」，[49]在張岱的回憶中，更是「曲中上下三十年，決無其比」、「南中勳戚大老力致之，亦不能竟一席」的一代佳麗。[50]此外，在〈秦淮河房〉中，也對秦淮河畔眾多河房的功能，有詳細的描寫：「秦淮河河房，便寓、便交際、便淫冶，房值甚貴而寓之者無虛日。畫船簫鼓，去去來來，周折其間。河房之外，家有露台，朱欄綺疏，竹簾紗幔。夏月浴罷，露台雜坐，兩岸水樓中，茉莉風起動兒女香甚。女客團扇輕紈，緩鬢傾髻，軟媚著人。」[51]可見張岱對秦淮名妓有如數家珍般的了解。他自己則是「美婢、孌童、美食、駿馬、華燈、煙火、梨園、鼓吹、古董、花鳥——無所不好」，[52]難怪張岱說自己前半生過的是繁華靡麗的生活。

除了秦淮名妓，這些文人士大夫另一個最大的特色，就是對戲曲、生活品味和鑒賞文化的重視。冒襄和張岱都有自己的家班，戲曲演出是水繪園生活中的重要一部分。每當有重要賓客來訪，冒氏家班更會在寒碧堂、得全堂內演出崑曲大戲。[53]在〈金山夜戲〉一文中，張岱帶著他的家班，經過鎮江。他乘著月色，在金山寺中，讓自己的家班以大殿為舞台，粉墨登場，將他狂放不羈的生活方式表露無遺：

崇禎二年中秋後一日，余道鎮江往兗，日晡，至北固，艤舟江口。月光倒囊入水，江濤吞吐，露氣吸之，噀天為白。余大驚喜，移舟過金山寺，已二鼓矣，經龍王堂，入大殿，皆漆靜。林下漏月光，疏疏如殘雪。余呼小僕攜戲具，盛張燈火大殿中，唱韓蘄王金山及長江大戰諸劇。鑼鼓喧填，一寺人皆起看。

有老僧以手背撥眼瞖，翕然張口，呵欠與笑嚏俱至，徐定睛，視為何許人，以何事何時至，皆不敢問。劇完將曙，解纜過江，山僧至山脚，目送久之，不知是人、是怪、是鬼。[54]

侯方域從崇禎十二年（一六三九）起，僑寓金陵。雖然是二十多歲的少年，過的卻是奢靡縱欲、狂放不羈的生活：「方域美才而豪，不耐寂寞，又解音律，在金陵日，每侑酒必佐以紅裙。」「朝宗嘗游金陵，挈其橐數千金，寓居桃葉渡上，日夜招故人善酒者，挾妓彈琵琶縱飲。」[55]這些記載顯示侯方域深解音律，日夜招妓彈琵琶縱飲。和李香君情定媚香樓後，由於香君從十三歲起和蘇崑生受《玉茗堂四夢》，在兩人相處的幾年時光內，崑曲一定是逸樂生活中不可分割的一部分。

文震亨雖然在南京有自己的產業，不過沒有任何涉足舊院的記載。他年輕時就喜歡四處游歷，一六二四年舉人考試失利後，放棄科舉，「清言作達，選聲伎，調絲竹，且游佳山水間」，讓他早年的生活和冒襄、侯方域、余懷、張岱等人，大略相同，但我們也沒有更多他和崑曲的相關記載。他最重要的貢獻，無疑地是寫下《長物志》一書。文氏家族聲望的構成，綜合了政治權力、古老的世系，在最受人尊崇的領域所取得的文化成就，以及由地產所獲得的巨額財產。由其親戚、友朋、門客組成的人際網絡，在蘇州形成了家族勢力的據點。儘管文家的譜系可追溯至十三世紀的文天祥，但在明代的顯赫地位，卻源自文震亨的曾祖父文徵明。在《長物志》一書中，文震亨關於士紳階層物質文化的論述，一方面體現了他的自信，一方面也透露出書中各種關於鑒賞、品味之討論的對象。[56]

《長物志》一書，一方面繼承了家族在文化領域中卓越的成就，一方面也顯示了文震亨在撼人的政治抉擇之外，對高雅的文化情趣和文人逸樂的講求。《長物志》成書於萬曆四十三至四十八年（一六一五—一六二〇），早於他成為國子監生之前。記載中說他：「頎身玉立，善自標置，所至必窗明几淨，掃地焚香。」是實際地體現了他在《長物志》中的要求。由於文氏家族的巨大財富，讓他擁有多處房產，在蘇州東郊和西郊的碧浪園都有私家園林。此外，他在南京還有一處產業水嬉堂，皆「位置清潔，人在畫圖」。這些園林產業，讓他可以充分展現自己在《長物志》一書中的各種理念和要求。[57]

《長物志》是文震亨造園經驗的總結，把園林建築及器物陳設的藝術推向一個高峰。全書包括了十二卷，分別是：一室廬；二花木；三水石；四禽鳥；五書畫；六几榻；七器具；八衣飾；九舟車；十位置；十一蔬果；十二香茗。涵蓋了明代上層階級生活相關的大部分物質產品，也顯現了他們的生活方式和審美趣味。[58]

宗教在冒襄生活中占了顯目的位置，他的宗教體驗強烈而富於戲劇性，我們在他周遭的友人和同時代的士大夫身上，很難找到另一個類似的例子。在這些人中，只有張岱在大報恩寺的親身經驗，展現了和冒襄約略相同的宗教神蹟：「阿育王寺，梵宇深靜。……便殿供旃檀佛，中儲一銅塔，銅色甚古，萬曆年間慈聖皇太后所賜藏舍利子塔也。舍利子常放光，琉璃五采，百道迸裂，出塔縫中，歲三四見。凡人瞻禮舍利，隨人因緣現諸色相，如墨墨無所見者，是人必死。昔湛和尚至寺，亦不見舍利，而是年死。屢有驗。次早，日光初曙，僧導余禮佛。開銅塔，一紫檀佛龕供一小塔，……舍利子懸塔頂，下垂搖搖不定，……。余初見三珠連絡如牟尼串，煜煜有光。余復下頂禮，求見形相。再視之，見一白衣觀音小像，眉目分明。鬋鬘皆見。秦一生反覆視之，訖無所見。一生遑遽面發赤，出涕而去。一生果以是年八月死，奇驗如此。」[59]張岱在〈大報恩寺〉一文中，對明成祖建立的這座「四大部洲所無」的琉璃寶塔，有了讚歎不已和神異的描敘：「信屬鬼工。」「天日高霽，霏霏靄靄，搖搖曳曳，有光怪出其上，如香煙繚繞，半日方散。」[60]這裡進一步描寫舍利子取人性命的情節，簡直是奪人耳目！

我這裡提到的幾個晚明江南的代表人物，除了文震亨外，基本上都是科場失意的文人雅士。他們出生、成長的年代，也和下面要介紹的晚明泉州的士大夫，至少相差了半個世紀。如果我把同樣進士出身，長期在北京、南京為官的顧起元也加到這些風雅的晚明士大夫行列中，我們的對比，也許會更為周全。

顧起元嘉靖四十四年（一五六五）出生在南京，亡於崇禎元年（一六二八），和泉州的幾位儒生、士大夫一樣都不曾經過亡國之痛。顧起元在萬曆二十六年（一五九八），三十四歲時，考中會試第一名，殿試一甲第三名，授翰林院編修，前後在北京、南京任官的時間大約有十九年之久（一五九八—一六一六）。

他在萬曆四十五年（一六一七）寫成的《客座贅語》，[61]結合了他的政論和對南京城市生活的觀察、記錄。康熙二十二年（一六八三）刊行的《江寧縣志》，在兩百多字的傳略中，對顧起元思想、議論中關心公共事務和民生利弊的這個面向，作了最扼要的勾勒：

公學問淵博，如古今成敗、人物臧否，以至諸司掌故，指畫歷然可據。凡考訂成憲者，皆折衷于公焉。稱述先輩，接引後學，孜孜不倦。林泉自賞，未嘗輕至公庭。惟地方利弊，如兵部快船改馬船，絕衛官之科索，兩縣坊廂準里甲為條鞭，皆更定良法，軍民兩便。或有妄言，復舊以便其私者，公力爭之，乃止，人猶惜其不及大用云。[62]

有趣的是，顧起元在看似瑣屑的文類中，同時呈現出嚴肅的社會、政治大論述和對細瑣、多餘之物的耽溺等兩種不同的主題。他對城市逸樂若有似無的眷戀及對奢靡之風的批判，正顯示出一位長期在政府中仕宦為官的儒家士紳，在儒家的傳統道德、價值觀和明末繁華的城市生活之間的猶疑、徬徨。

《客座贅語》中大量對於園林、戲曲歌謠、書畫文物、城市生活的記載，顯示顧起元和同樣曾經生活在明末江南的冒襄、方以智、陳貞慧、侯方域、張岱、文震亨等人的生活和回憶中，有許多交疊之處，同樣呈現出城市生活中美好的片斷和精緻的士大夫品味。但相對於這些人在科舉、仕宦之路上的頓挫，顧起元在舉業上的顯赫成就及在北京、南京供職的經歷，卻讓他對一些重大的國家制度和社會問題，有了更切身的體驗。

更有趣的是，這位殿試一甲三名的儒家士大夫，對南京城內俯拾即是的妖魔鬼怪故事，充滿了好奇，並用他淵博的學識，考察這些鬼怪故事在歷史上的流傳演變。[63]

晚明泉州的士大夫

我在接下來幾章中的討論，主要是以下面幾位晚明泉州士大夫的著述、方志以及相關的研究，來重新建構嘉靖朝以後，日益嚴重的倭患對泉州所有民眾，不分男女、士庶，所帶來的具體、細節的傷害。這和過去從大的歷史敘事，遙看倭寇在各個年代的侵襲所帶來的整體損失，在取徑上有極大的差異。就像梅爾清（Tobie Meyer-Fong）在*What Remains*一書中，[64]跳脫傳統的政治軍事史和抽象的意識形態的敘事，用方志、日記、傳記、詩文集、傳教士和旅遊者的記載以及戰亂倖存者的回憶，對個人的創傷、劫難、感情、恐懼、暴力以及死亡作了有血有肉的描述一樣，我也透過幾位實際在泉州生活的士大夫所留下之相當詳細的個人化、在地化的描述，對身受倭亂荼毒的在地居民的遭遇，對這幾十年的浩劫，作了不同視角的呈現。

除了倭亂所引起的開海禁的建議外，這些被視為福建儒學的代表人物，在他們豐富的著述中，也對各個階層的士大夫、婦女、庶民的商業活動和宗教活動，作了全景式的描述，讓我們可以據此，以前述方志中勾勒出的大要為基礎，重建晚明泉州社會、文化和日常生活的整體面貌。

我這裡使用的，主要是從「泉州文庫」、「福建文史叢書」和《八閩文獻叢刊》挑選出的幾位最具代表性的泉州「理學家」之豐富作品，再加上泉州最有全國知名度的異端思想家李贄的相關作品。這幾位「理學家」包括了林希元（一四八二—一五六六）、何喬遠（一五五八—一六三二）和李光縉（一五四九—一六二三）。四個人中，林希元、何喬遠都是進士出身；李光縉和李贄則是舉人。除了李光縉外，其他三個人都長期在北京和各地任官，並對時政提出過強烈的批評和各種建議。

我選擇泉州知名的理學家和江南的不第文人作對比，並不是一種隨意的選擇，而是因為兩者都呈現了各自地區最醒目耀眼的文化特色。江南文人雅緻頹廢，講求風流品味的生活風格，在泉州士大夫近乎「入世苦行」的日常生活中，可說是毫無蹤影。不過反過來看，雅緻風流的士人文化，固然是明末江南文人生活中最突顯的特色，卻不意謂儒學在江南文化的全盤缺席。這幾位代表性的風流名士固然無人從事儒學的研究，卻以各種形式參與了復社、幾社的活動，積極參與和閹黨的鬥爭，冒襄更多次在桃葉渡和水繪園大會東林諸孤。

這些文人積極參與東林對閹黨的鬥爭，其實也反映了江南影響力最大的儒學團體——東林學派——的轉變。這種轉變也讓源自福建理學的江南儒學，和泉州理學家有了很不同的風貌，特別在顧憲成（嘉靖二十九年—萬曆四十年〔一五五○—一六一二〕）亡故和高攀龍（嘉靖四十一年—天啟六年〔一五六二—一六二○〕）被陷害自盡後，[65]江南的理學更無法像泉州一樣，成為一個綿延不絕的學術傳統。

東林學派的創始人楊時（龜山）（一○五三—一一三五）出生在福建南平市。二十九歲時，拜程顥（一○三二—一○八五）為師。第二年辭別返鄉時，「明道送之出門，謂坐客曰：『吾道南矣。』」程顥死後，他又在四十一歲時，到洛陽拜程頤（一〇三三—一一〇七）為師，「程門立雪」的故事，就發生在這一年。[66]他把理學帶到福建，開創理學的「道南系」，成為「閩學」的鼻祖。萬曆十一年到十四年任福建巡按的楊四知，經過楊時故里時，要求縣令在楊時的祠宇中，刻立下列的石碑：「受學伊洛，倡道海濱。升堂覩奧，扶世覺民。閩稱鄒魯，公則鼻祖。遺像儼然，師表千古。」[67]確切地指出楊時和「閩稱鄒魯」間的關係。

從宋徽宗政和四年（一一一四）起，楊時寓居無錫、常州、鎮江一帶十八年，第二年創建東林書院，開始講學，「弟子千餘人」。[68]福建的理學自此對江南產生極大的影響，對兩個區域的學術文化發展和交流，這無疑是值得銘記的重要事件。不過到顧憲成、高攀龍時，東林書院的性質已經有了極大的改變。因為面對政治的腐敗，他們將明初以來的文人結社從原來怡情養性的吟詠性質，以及書院探求經義的學術探討，轉變成政治色彩強烈的社團。明初的「詩文之社」，到此時已經成為士人發表政論、評議時事的政治場域。[69]他們從學術教育、政治體制、財政政策、貢舉考選等各個面向著手，讓東林學派從單純的「尊經」發展出強烈的「經世思想」。東林以「清流」的姿態崛起，卻因為強烈地批評時政，而逐漸向「不無過激」的方向變化。[70]

晚明的江南名士雖然也強烈地批評時政，並以更嚴酷的行動表達他們對明朝覆亡的決絕姿態，但在他們身上，卻看不到尊經、理學和儒學的色彩。

我們選了兩位進士、兩位舉人代表明末泉州，也不是特別刻意的選擇。事實上，前引《府志》中說泉州是「海濱鄒魯」，是相當切乎事實的說法。而「泉郡人文之盛，甲於全閩。人佔舉而戶絃歌。自宋至明，士以理學經濟為務，恥為詩賦文詞之習。及嘉隆以後，鄉前輩博洽淹通。出其餘緒，皆足以爭衡上國。我朝文治，誕敷海濱，盈溢經學之儒，彬彬輩出。黨塾子弟，年力髫齡，多有能誦十三經者。晉邑歲科童子赴院試者，幾至五千人，他邑亦不減十之二三」，放在這裡來看，也幾乎都是言而有據。第一，泉州的中舉人數，確實是福建最高的。第二，泉州士大夫，至少用我們此處列舉的幾位（李贄比較例外，我們在後面還會進一步討論），確實是「以理學經濟為務，恥為詩賦文詞之習」。第三，說泉州「盈溢經學之儒，彬彬輩出」，也大致如此。第四，由於林希元、何喬遠和李光縉都致力於在書院中訓練學生，「黨塾子弟，年力髫齡，多有能誦十三經者」，也是合理的現象。第五，童生參加院試，以取得秀才名銜的人數，在泉州可說是漪歟盛哉，難怪各種記載中都要提到此處是「海濱鄒魯」。

根據學者對明代福建進士的研究，我們知道明代福建的進士人數，共有二千四百一十七人，在全國排名第四，次於南直隸、浙江和江西。[71]進一步分析，這些進士的分布人數，依次是福州府、泉州府、興化府和漳州府。這四個府都位於福建東南沿海地區。如果用縣來排序，依次是莆田、晉江、閩縣和漳浦。[72]泉州府的治所在晉江縣，「歲科童子赴院試者，幾至五千人」，進士人數在福建各縣中居第二位，也就不足訝異。

林希元，字茂貞，號次崖，明福建同安人，生於成化十八年（一四八二），卒於嘉靖四十五年（一五六六），是晚明泉州最著名的程朱學者。他十九歲喪父，折節讀書，與陳琛、張岳僦居佛寺，閉戶讀《易》，被視為「泉州三狂」。正德十二年（一五一七）進士，[73]歷任南京大理寺評事、南京大理寺臣、廣西欽州知府、雲南僉事等。因建議征安南事件忤大學士夏言（一四八二—一五四八）意，坐考察不謹罷歸。[74]

林希元一生潛心理學，遠宗程朱，近取《蒙引》，與羅欽順、張岳、張邦奇、黃佐等為嘉靖年間排擊王陽明心學的著名學者。乾隆年間知名的程朱學者雷鋐

（一六九六—一七六〇），在乾隆十八年（一七五三）為乾隆本《林次崖先生文集》寫的序中，將他列為蔡清（一四五三—一五〇八）、陳琛（一四七七—一五四五）之後，泉州最具代表性的程朱學者：「前明中葉，姚江大倡新學，吾閩恪守程、朱，以有蔡虛齋先生持之，而林次崖與陳紫峰兩先生繼之，《蒙引》、《淺說》、《存疑》三書久衣被天下。余嘗謂《四書存疑》剖析『格物致知』之義，使姚江見之，必咋舌俛首而自悔。」[75]

同是同安出身的萬曆十七年（一五八九）進士蔡獻臣，在〈《林次崖先生文集》原序〉中，對林希元讚譽備至，認為他在經學、文章、氣節上都是時代表率：「正德丁丑榜，吾泉最號得人，學憲公琛，襄惠公岳而大理丞次崖林公希元也。三先生皆邃於經學，以文章、氣節名一時，而作用不同，際遇亦異，其為學士所宗而稱『我明人物第一流』則一云。」[76]和蔡清因為《四書蒙引》而傳名於世一樣，林希元也因為《四書存疑》等著作而家傳戶誦：「先生力學刻苦，自草茅中即銳然有當世之志。其學專主程、朱而折衷於王順渠、歐陽南野之間，不盡名己見；尤不喜陽明『良知』新說。今《四書存疑》、《易經存疑》，海內家傳戶誦，與蔡文莊《蒙引》等矣。」[77]

蔡獻臣在這裡說《四書存疑》、《易經存疑》，和蔡清的《四書蒙引》一樣，「海內家傳戶誦」，當然不是任意的吹捧，下文中引用的清代學者雷鋐也有同樣的說法。究其原因，是因為明代的科舉考試以朱熹集註的《四書》、《五經》為主，蔡清、陳琛和林希元等人既然是閩中程朱學派一脈相承的代表人物，他們的相關著述——《四書蒙引》、《四書淺說》、《四書存疑》——被視為科舉參考書也就理所當然。《明史》中說：「林希元所著《四書存疑》等書與琛所著《易經通典》、《四書淺說》，並為舉業所宗。」[78]《提要》更直接指出《易經存疑》是科舉而作：「蓋其書本為科舉之學。」[79]不過也有當代學者用林希元自己在《文集》中的說法，強調林寫這些書的目的在「窮經研理」，探求聖人大義，而非為科舉。[80]

「然先生學而大儒，入而名卿，出而良吏，歿而言立，即安南四峒之復，都統之授，人謂『林知州六疏，賢於數十萬之師』，夫是之謂不朽。」[81]在蔡獻臣的評價中，林希元不僅是歿而立言的一代大儒，還是一位有著不朽事功的名卿良吏，他的安南六疏，簡直勝過幾十萬大軍。這裡所謂的「安南六疏」，根據林希元自己的說法，是：「臣伏讀邸報，見安南久不入貢，禮、兵二部會議征討。」「予素有安南之志，頃以雲中、遼左之事謫守欽州，因得熟知其國山川道路險易、夷人強弱虛實，適聖天子問罪安南，予以佳會難逢，故以生平所聞見歷陳於上。卒之交人震慴，逆庸納款、削國、歸地，凡百一一如予所料。」[82]由於嘉靖皇帝赫然斯怒，「廷臣遂議征伐」，林希元因此先後上呈了六次奏疏，分析局勢。根據林希元自己的說法：「安南莫登庸躬行篡逆，阻絕朝貢。……臣二次將當討之罪，可取之狀具本陳奏，已蒙陛下嘉納，特敕該部會議施行。」[83]

蔡獻臣「林知州六疏，賢於數十萬之師」的說法，乃是本此而發。不過根據林希元自己的說法，似乎他一生仕途蹇塞，雖然幾次在國家大政上提出了正確的建言，但最後不但沒有得到應有的賞賜，反而招致各種議論，乃至丟官。安南六疏即使「賢於數十萬之師」，最後卻換不回來一個小小的烏紗帽：「天下人無智愚不肖，罔弗稱元之功，而予反坐是失官。」[84]

明末官員因為奏疏或諫言而被罷官，可說已經是晚明政治的常態。高攀龍選擇投湖自盡，就是慘烈的政治鬥爭的結果。林希元大概用世之心太強，又常常有自己的意見，因而得罪當道，被迫退居林下，所以挫折感特別強：「希元平生不自揆量，每以天下國家事自任，遂致覆敗，退居林下，鄉國兵荒之禍猶若在躬，遂至取怒當道，讒謗謂興。及去身蒙大難，求救軍門，不惟不救，反施下井之石，其皆起於以天下國家事自任，志無間於隱顯致然也。」[85]

儘管有朱紈開其端之「濱海勢家」的爭論，但林希元在他的《文集》中，不斷試圖呈現自己「以天下為己任」，卻遭受迫害的弱者形象。全心為國、獻身儒學的結果，卻是傾盡家業，到最後負債累累，連歸身之處都不可得。在嘉靖二十年（一五四一）〈至家祭祖文〉中，他這麼形容自己：

> 希元承祖宗積累之德，父母生成之恩，束髮讀書，叨登甲第。竊不自揆，欲以平生所學施之當世，而生也不辰，動輒齟齬，官再謫而再起。入仕餘二十五年，兩歷京堂，再任臺憲，而官不能過五品，而今則以讒被黜矣。方其為學也，專志讀書，田園不視，家業為之盡傾。及其入仕也，心在朝廷與天下，不自封植，家計為之不立。今之歸也，債負不能償，日用無所取，稱貸無所獲，亦已矣。而身為大夫，家廟不能建，使祖宗神主棲於頹垣破屋之下，罪何如也！夫進不足以成君，退不足以成親，既不能忠，又不能孝，自古及今，如元者，能有幾矣！[86]

專心讀書，以致家業傾頽；做官二十五年，一心想的又是朝廷與天下，完全沒有想到為自己的後路預作規劃，結果自己債務纏身也就罷了，最後連祖先牌位都無法作妥善的安置。這樣一個既不能忠，又不能孝的下場，在林希元生動的描述下，確實能博得同情。

林希元雖然感慨自己無法建立家廟，置放祖先的神主牌位，但對他自己致仕返鄉的住處，其實很早就在地方官紳的協助下，開始緩慢地營建。「嘉靖三年甲申冬十月，予致泗政歸，寄寓外家郭氏，延賓無所，當道之見過者相接無常處，咸訝焉。予欲營居第，歸囊方罄，莫敢擬也。」[87]他雖然想有一個適當的處所，可以接待來往的賓客、官員，但因為阮囊羞澀，只好暫時擱置。

第二年，「郡二守春江李公緝來視同篆，欲為予營第，因晉江諸生今御史陳子讓道意，許予通關節」。予辭曰：「平生不以私干官府，故至於此。今雖失職，豈可改節？聞春江昨議鬻天興寺基，直八十，不鬻已耳，鬻以與我，是公之惠也。」

雖然當道者好意，要把天興寺的地基，用便宜的價格賣給林希元，但中間還牽涉到特權、關說的問題，所以被林婉拒。這個時候，泉州全郡的儒士都因為一個已罷生員李如玉，「復以儒士應試」的事件受到牽扯。督學端峰邵公回到泉州後，特別來拜訪林希元。接著，帶管分巡屯田道北泉聶公珙也前來拜訪，林希元「並留之，以杯酌敘話，各別去。端峰欲早行，予辭不答禮，翌早將答北泉」。端峰其實是為了前述事件而來，「怒諸儒士容保，故並罪諸生也」。[88]由於這個事件有些敏感，林希元不好當著兩個貴客討論，所以打算分頭處理，先平撫了督學，再回頭向北泉公說明原委，並為失禮之處道歉：

「端峰公已行，諸生翼予徒步，枉道由後山尾之，不及。回由官道，遇北泉公於天興寺前，謝以不及回答之故。」「公辭，登轎，予候於道左，公弗可，自推山門入。公見廢寺基，回望，善之，語余曰：『公居無廬，胡不取之？』予曰：『堪輿家亦云善，但棄官來歸，重求於有司，故不為也。』公曰：『如子，則孔子皆住於漏天乎？何其迂也！亟持牒來，我俟於店頭。』」時夏四月也。予如命往，公下牒於府，且語郡守高抑齋曰：「次崖無居，我與天興寺地，子可成之。薄取其直，銀只三十可也。」府遂行縣。李春江得牒，愧謝曰：「此地前議鬻矣，為林德馨主政所阻，故獲罪先生。今當為成之耳。」予於是乎得地。[89]

經由這段敘述，我們才知道林希元經歷一些波折，最後在分巡屯田道的介入後，才克服阻礙，以更便宜的價格，取得一個可以興建宅院的土地。有趣的是，林希元在回答聶珙的詢問時，首先就提到「堪輿家亦云善」，進一步印證了泉州人對堪輿風水的重視，連林這樣知名的理學家也無法自外。林此處「棄官來歸，重求於有司，故不為也」的說法，其實只是一種託辭，為自己的心願為「主政所阻」找一個下台階。聶珙「何其迂也」的反駁，正好為此找到一個迴旋的餘地。

泉州號稱佛國，寺廟遍地。天興寺始建於隋朝，此後幾經兵火，屢建屢毀。洪武十年（一三七七）重建後，不知廢自何時。「故老相傳，寺僧有以斷臂燒香惑眾者，謫戍邊衛，寺遂廢為預備倉。成化中，南安進士傅公凱授徒於此，邑諸生洪敏、蘇宗彝輩從，傅精堪輿家，語諸生曰：『此地可營居，汝輩圖之勿失也。』」

此後，天興寺又被廢置，田業散亡，「尚存之業受糧七石，梵天寺僧定波帶管，就其地建佛舍一區」，天興寺又變成了梵天寺的一部分。「予自弘治壬戌至正德庚午，讀書授徒於此，凡九年。正德十五年庚辰，佛舍為邑令趙汝弼所毀。時予官留都，門人顏可輩走書告予，請其地為居廬。予語之曰：『趙令方在，不樂於我，葉銅溪宰新興，方密於趙，天興之廢，有由然矣，能及我哉？汝勿復言！』既而趙令罷去，葉以事繫廣，予適歸自泗州，此地遂為予得，物各有數，事皆有幾，豈偶然哉？」[90]

一生對陽明學和佛教、僧人批評嚴厲的林希元，卻不知道什麼樣的因緣，和天興寺有不絕如縷的關係。從弘治到正德年間，他在此讀書授徒九年，可說是相當漫長的時間。佛舍被縣令毀後，他的門人似乎認為這塊地就應該屬於林希元，所以請他買地為居廬。等到所有的個人恩怨都了結後，終於在地方大員的協助下，讓這塊他長期讀書授徒的佛寺，變成退隱後的居所。

但事實上，對他這個一無所有的鄉紳而言，要將土地變成居所，還需要更漫長的過程。首先，他幫知府作家譜，得到第一批建屋基金二十兩，「得地之初，欲營居室而歸囊方罄，無所藉手。適郡守抑齋高公聘予作家譜，得白金二十兩」。接著，幾位姻親共捐了四十兩，「顧新山少參為予置酒，邀諸鄉紳捐囊借助」，郡守田磊五兩，知縣、縣丞各捐十兩。用酒席邀請鄉紳解囊相助的做法，看起來相當新鮮，不禁讓我們聯想到福建鄉下各個廟宇前碑文的捐款名單。林希元靠著他的文名和地位，幫知府作家譜得金二十兩，為房舍奠下基礎。幫永春縣編寫方志，「得白金二百兩」，更讓林希元的心願最終得以成真。三年後，他又受到朝廷的起用，「束裝將行，總會木石工役諸費，合銀三百二十兩，俱尚草創，而門庭、渠路，井竈、混溷之類，尚未及也，始付諸子以漸成之」，「予以丁亥冬（一五二七）起廢，自戊子（一五二九）至今丁未（一五四七），首尾二十年。今計尚須白金百餘而功始畢。然昔日之成者，又將壞；昔之捐囊相助者，猶責償未已」。[91]

林希元雖然是一位程朱理學的大學者，但現實生活的困頓，讓他對實際的數字留下難得的資料，也讓我們能夠窺知十五、十六世紀泉州鄉紳日常生活的實景。這一長段關於買地、建屋的詳細描述，也讓我們在「濱海勢家」這個帶有負面控訴性的詞彙外，有另一個視角來檢視林希元現實生活的一面。

文章的結尾，更強化了這個得來不易的生活面向：「嗟乎！予登第三十一年，居官二十一年，一第之營至二十三年而未就，東塗西抹，左支右吾，而予之心亦良苦，其力亦勞矣。恐後世子孫不知予得地之巧，成室之難，故備其本末記之，以示後人，使知克勤克儉，固守而勿失焉。」[92]

林希元是嘉靖年間著名的文學家、理學家。由於他的學術成就，所以名入《明史．儒林傳》中，列於蔡清、陳琛之後，是明代一位卓有聲名的理學家，卒年八十五。提學王世懋（太倉州人，嘉靖三十八年進士）為祀學宮，提學熊尚文（江西豐城人，萬曆二十三年進士）為建「羽翼聖經啟迪後學坊」，以紀念蔡清和他。萬曆元年（一五七三），配朱文公祠。四十二年（一六一四），特祠學宮。93

李光縉（一五四九—一六二三），字宗謙，號衷一，晉江人。父親在他四歲時見背，稍長，受業外傅，寓目輒誦，舉筆成章。為諸生，厭薄舉子業，閎覽博物，為古文辭，師事蘇紫溪先生濬，每嘉歎異日必為閩大儒。萬曆十三年（一五八五），鄉薦第一。中舉是他一生中最為人豔稱的事情，而其後不第，也最為人錯愕。他對此也終身不能釋之，甚至將自己與同為解元而未第的唐寅相提並論。中舉後他不問家人生產，也不和官府打交道，日研經史及朝章民隱，以備經濟。而以文字之不朽於後世為畢生事業，是為景璧之冀。

李光縉生平交遊廣泛，授徒眾多，在明代後期的閩籍學者中有相當的影響。李清馥編纂的《閩中理學淵源考》專門為他闢了「省元李衷先生光縉學派」的專章，譽為「一時師表」。[94]

觀於《景璧集》書名的含義，應該來自李光縉的齋號。他曾提到自己晚年所處的「景璧之居」。而所謂「景璧」，乃是「景星，天之瑞星……璧星，天之文星，皆文昌所司」。尤其是璧星，「璧為文明，掌天上圖書之府」。[95]我們從後文中，知道李光縉對天文星象相當了解，他把自己視為天之瑞星、文星，他的書齋像是掌有天上圖書之府，可見對自己的期許和自負。

《景璧集》一書由於在八〇年代被傅衣凌發現並引用後，引起了學界關注，一九九三年被納入「福建叢書」第一輯中出版。[96]傅衣凌對《景璧集》的重視，自然是專家之論。事實上，我們從第三章的討論中也可以看出，李光縉的這本著作，在本書引用的學者中，是討論商人最多的。

李光縉對商人的重視，在他為自家新編的〈《儒林李氏族譜》序〉中，也非常直接地表明出來：「吾家上世舊無譜牒，季父定安公嘗草創之，但記其名字生卒耳，未及詳也。縉竊有志焉，而未之遑，今老矣，廢跡屏居，于人世寵榮紛華之事，一切浮雲。寄傲于儒林景璧間，時自呼為儒林人，間亦名景璧人，但自喻適志耳。一日，諸姪際泰等造余請曰：『上世未有家業，當吾叔父世而復失之，派系未著，祖德弗揚，謂俟來者何？』余不覺惕然懼也。」老年的李光縉在經歷過人世的榮寵紛華後，也忘了自己曾立志幫自己的家族編一份族譜，後來在侄兒的催請下，終於想起了自己的責任。他對當時寫家譜的人「多致詳于名位顯著之聲，而滅沒乎布衣草澤之行」的做法很不滿意，特別由於自己的家族中，並未出過名位顯著的先人，所以他決定編一份和當時流行的家譜完全不同的族譜：「但他人譜諱言貧，余不諱言貧；亦恥言賈，余不恥言賈。以為儒不厭貧，而廣求田問舍者非君子之道。人世起家，自讀書下，用貧求富，而仁義附，誠莫如賈。」不但不諱言自己家族的貧窮，也不以經商為恥。甚至認為在讀書之外，「用貧求富，而仁義附，誠莫如賈」，「《史》列〈貨殖〉，不滅賈子，又何論宗人族屬也」。[97]

何喬遠（一五五八—一六三一），福建泉州晉江人，少年穎異，十九歲時與兄喬遷同登鄉榜，二十八歲中進士，進入仕途。從政十年即因正直敢言，得罪權貴，被迫家居三十多年，以授徒著書為樂。曾在家鄉鏡山之下建立「休山書院」，致力於地方文獻著述。八年後纂成一百五十四卷的巨著《閩書》，因此聲望日隆。

鄉居二十三年後，復出從政，三年後致仕。他歷官刑部主事、禮部郎中、光祿寺少卿、太僕寺少卿、左通政、太僕卿、南京工部右侍郎。立朝正直敢言，所以三度貶謫、去官。因其卓見深謀，被讚為「老成體國」。何喬遠才高學富，又勤於著述，詩賦文兼擅，且於經學佛學皆有深研。[98]

他畢生勤於著述，編寫了三部大書——《閩書》一百五十四卷、《名山藏》、《皇明文徵》七十四卷。《名山藏》，是著名的明代私人纂修的明史。《皇明文徵》，是明人詩文的彙集。謝國禎序王重民《中國善本書提要》時，稱何喬遠「是個受資本主義萌芽影響、思想比較進步的人士」，並舉所著《名山藏》為例，說「《名山藏》記載了歷代多所忽略的科學家和對外貿易商人的事蹟」。事實上，不僅《名山藏》，《閩書》也是涵蓋面寬廣。《閩書．方伎志》，是專門為巫醫樂師百工之人和書畫家等立傳的；在《閩書．我私志》中，他公開宣稱：「予志方伎焉，藝之精者，未始不聖也。」把那些傑出的醫生、藝術家、工匠的地位，提高到與聖賢等量齊觀的地步。[99]

《閩書》中詳記當地史事，受到陳垣、伯希和、桑原騭藏等中外交流史學家所重視。例如其〈方域志〉第七卷中，關於伊斯蘭教傳入我國的時間與途徑，及該教東漸中國的時間等，都是獨家記載的。

而〈島夷志〉所記東番（即台灣）文，完整保留了其友陳第所寫《東番記》的重要內容，詳細敘述了早期台灣的風土民情、地理環境以及與中國大陸的交往概況。在陳第《東番記》未發現之前，〈島夷志〉中保留的資料成為研究台灣開發史的重要資料。[100]

《鏡山全集》全書七十二卷、一百五十萬字，是由何喬遠的後人、門人在他生前刊行之《鏡山集》的基礎上重新整理編排而成，在他過世後十年（一六四一）刊行。《鏡山集》保留大量墓誌銘、家譜序以及書信。墓誌銘中墓主的身分大都不顯赫，家譜的主人也多為朋友、門生、鄉人。但正是這些墓誌銘、譜序，體現了何喬遠有別於歷來實錄「書顯而不書微，書朝而不書野」的風氣，力持朝野、尊卑一視同仁的態度。

何喬遠在這幾本著作中顯現的獨特史識，讓他的好友葉向高稱讚他「以名儒而兼良史」，可說是不易之論。何喬遠以畢生之力，致力於福建歷史的寫作，和他父親的影響有很大關係。何喬遠的父親何炯是《清源文獻》的編纂者，是泉州著名的學者，他一生的行事和對地方文獻的關注，對何喬遠產生了深刻的影響。[101]

在為官、講學之外，還要寫作數量這麼龐大的史傳和各類文章，除了才學外，自然也需要有強壯的體魄。對此，何喬遠的學生有非常生動的描述：「師稟異質，盛暑不汗，隆冬不寒，每讀書飲酒，好坐烈日猛風中無所避。平生不信藥餌，精神健旺，豪飲輒能竟夜酬應詩文、行書、小楷如壯年。童顏鶴髮，人皆期為百歲。」[102]豪飲之後，還能竟夜酬應詩文，難怪作品驚人。

葉向高稱讚何喬遠是「以名儒而兼良史」，所謂「名儒」自然也有具體的指涉。和林希元是明代後期代表性的程朱學者相反，何喬遠則是一位篤信陽明學，並且致力講學活動的一代名儒。何喬遠「自少奇偉不凡」，刻苦向學，《明史》讚他「博覽，好著書」。他「五六歲工楷書」，「十四五即攻古文詞」。但遵循父親的教誨，更專注於對儒家經典的研習，「日有志聖賢之學」，「每念百年之業，斯文之統，行恐墜落，中夜彷徨」。他深受王陽明心學的影響，說：「吾平生講學，祇是致良知三字。」[103]

李光縉在為何喬遠《萬曆集》寫的序中，對這位鄉賢、舊識的文章、講學和著述，都推崇備至：「何公於書亡不窺極，自放逐以來，無牢騷不平之氣，聲利不掛胸中，誘進後學，從游益廣，問德乞言，戶外屨常滿。居恆走筆應之，富而廉出，頃刻之間，雲蒸霞變。不多摭前人事，以供吾具。……觸之目前，流之胸臆，淋漓百態，情境皆真，坑谷各滿，即遊刃中。」「王先生文已盛行於世，……乃何公亦變化之手，而萬曆間一代之雄也。何公作《名山記》，見其書者，無不怖河漢而無極矣，其以何公為千古雄人乎！後自有定。」[104]李光縉的講學成就，也被視為「一時師表」。他的《景壁集》，也是洋洋灑灑，淋漓百態。他對何喬遠的推崇，顯然不是一般的應酬文字。

何喬遠在北京做官的時間並不算長，除了正直敢言，被三度貶謫、去官外，他的儀表堂堂，也讓熹宗留下深刻的印象：「每進東華門，諸中貴相語曰：『佛爺至矣。』師圓顱豐頤，雙目鳳彩，鬚髯盡白，如神仙中人。將事太廟，屢迴瞳顧。熹宗一日問侍臣曰：『光祿卿是前太廟捧爵、白鬚如土地者耶？是何處人？蓋心重師云。』」[105]

他的表侄兒林如源和何喬遠相處四十年，關係親密。林如源在何死後，追憶他生前居家生活的一些細節，剛好讓我們可以拿來和前述江南名士作一個比較，極其珍貴：「公素不信服餌，嘗謂如源曰：『戒色欲、勿服藥，是吾養生要訣也。』」這樣的理學家，當然不可能和秦淮名妓有任何關聯。色欲可以完全戒絕，戲曲則淺嘗即止：「公宴集，惟清譚雅謔竟日夜，絕無歌曲管弦之娛。甲子秋，舅悌上壽，請用梨園按樂，公許之。甫初昏即罷遣，謂如源曰：『此輩若夜來不散，則姦盜詐偽之事，無所不有。』」[106]這番掃興的言論，是我們在泉州這幾位士大夫筆下僅見的幾則和戲曲相關的記載，卻立刻顯現了道學家和嚴厲的地方官員的性格。

但他更讓人印象深刻的則是清廉的操守，不管是居官或是家居，始終如一，真到了「入世苦行」的地步：「每朝參未嘗失期，又恐廝僕炊食頻仍，每朝啖二燒餅，隨入衙門，而衙門又甚遼絕。值皇子生，一日趨朝兩度，如此者兩次，既積勞困憊，饑飽失時，夜忽吐淤血數升，遂註籍欲歸。」「出都之日，簡橐中則銀六星而已。治舟潞河，過濟寧、登泰山，有鄒魯斯文未墜之感。」[107]

他所結交的友朋，也多是忠直剛正或博學有操守之士，如沈有容、葉向高、鄒元標、董應舉、焦竑、陳第、林汝楫、黃居中等。特別值得一提的是他和冒襄家族還有親戚關係。冒襄的父親冒起宗在途經泉州時，特別和朋友一起去拜訪他稱為「何舅悌」的何喬遠。[108]他一生不忮不求，風節凜然。任南京工部侍郎時，凡雜用不取庫中一錢，並謝絕司官賄遺。他兩次退居回鄉，皆宦囊羞澀，曾以種植番薯果腹。[109]

在最後終於駕鶴西歸前，他還為終生信仰、實踐之儒生的志業，作了一次戲劇性的展演：「有里婦柯刲臂療姑者，師遺以肉米。先十五之日，師親至其家問之。鏡山諸父老治觴，擊社鼓延師，為立春之飲。師與盡歡，五鼓而罷。」「越早，腰及右手稍痛，乖起居者七日，尚於卧內裁答饋歲之牘。時方夜漏，扶掖登床，閉目匡坐，有頃端逝矣。逝之日，搢紳哭於位，門徒哭於堂，傭夫走卒太息於市，深山稚叟無不唏噓流涕。而先一夕，地震如雷有聲，有巨星煜煜自地騰，人以為異。」[110]終生講授「致良知」三字的一代大儒，用他的良知學，感動了縉紳、門徒，乃至端茶、掃地的地方百姓。

但最讓人悲傷的是，何喬遠一生的清廉，竟然到「無以為斂」的地步：「及曉竟夕，陰風慘冽。以迨初歿，風月恬霽。敗篋蕭然，無以為斂，假木於友，貸衣於肆，僅有故大紅圓領一襲；行衣一；直裰一而已。」[111]

耶穌教士艾儒略在何喬遠去世後，哀悼道：「余不文，何能讚揚，獨夙服先生天高海闊之量，好學真情與夫逍遙清風，可冠百代焉？」[112]

李贄是福建晉江人，生於嘉靖六年（一五二七），卒於萬曆三十年（一六〇二）。[113]由於泉州有泉山，曾是溫陵禪師修道的地方，所以自號溫陵居士。學者根據《鳳池林李宗譜》、《清源林李宗譜》等資料，大致歸納出李贄的家世。一般認為李贄的一世祖林閭於元朝末年夾資來泉州做生意，後來落籍於泉州。林閭「藉前人蓄積之資，常揚帆航海外諸國」。他的二世祖林駑是兼營國內外貿易的大商人。後代人也有不少在本地或蘇州做商人。

除了從商外，李贄家族的宗教信仰也非常開放。林閭的太太是佛教徒，林駑是伊斯蘭教徒。他的家族中也有不少和伊斯蘭教徒通婚。[114]放在唐、宋、元泉州的歷史脈絡中來考察，李贄先祖在海外經商，信仰伊斯蘭教，娶伊斯蘭女子為妻的特色，其實完全不像李贄本人那樣異端。

李贄在嘉靖三十一年（一五五二），二十六歲時，中福建鄉試舉人。嘉靖三十五年（一五五六），選授河南輝縣教諭，他以道遠，不再往會試。從此展開了二十五年的官宦生涯，直到萬曆八年（一五八〇），雲南姚安府知州三年任滿，堅決辭官而去為止。[115]在河南共城（即輝縣）做教諭時，因為共城西北有蘇門山，山下有百泉，所以又號百泉居士，並認為：「吾泉而生，又泉而居，泉于吾有夙緣哉！」[116]其中除了丁父憂，於三十九年返泉州，居喪三年。四十一年，服滿入京。四十三年，又因為曾祖父和祖母等喪事，又返回泉州三年。原來李贄的曾祖父母和父母死後，由於家貧無錢買墳地，又怕別人議論自己不孝敬祖先，所以不肯草草埋葬，都是暫厝著。這次回泉州決心了卻這樁心願，把曾祖父母、祖父母、父母都安葬入土。[117]從此以後，他就再也沒有回去過泉州，即使自己心愛的妻子死於泉州，也忍痛沒有返鄉處理後事。他自己則在一六〇三年自割其喉於通州監獄，[118]然後被埋葬在通州北門外的迎福寺側。[119]

李贄雖然說「泉于吾有夙緣哉」，但他一生中有過半的時間在各地漂流。姚安任滿三年，照常理就應該告老還鄉，但這位行事風格迴異常人的思想家卻刻意選擇不回泉州。他對自己刻意的選擇，有很清楚的解釋：「緣我平生不愛屬人管。夫人生出世，此身便屬人管了。幼時不必言；從訓蒙師時又不必言；既長而入學，即屬師父與提學宗師管矣；入官即為官管矣。棄官回家，即屬本府本縣公祖父母管矣。來而迎，去而送；出分金，擺酒席；出軸金，賀壽旦。一毫不謹，失其歡心，則禍患立至。」[120]從小不願受人管束的李贄，深深了解一旦告老還鄉，面對的是怎樣送往迎來、動輒得咎的場面。好不容易脫離了一生的各種管束，可以自由自在地做他自己，所以「寧飄流四外，不歸家也」。[121]

他對自己叛逆的個性，有深切的了解，對自己這種「豪傑之士」待在家鄉泉州的結局有鮮活淋漓的比喻：「人猶水也，豪傑猶巨魚也。欲求巨魚，必須異水，欲求豪傑，必須異人。此的然之理也。……余家泉海，海邊人謂余言：『有大魚入港，潮去不得去。呼集數十百人，持刀斧，直上魚背，恣意砍割，連數十百石，是魚猶恬然如故也，復乘之而去也。』」這條大魚在受到漁民砍割幾十下後，在海潮來時，還可以乘潮而去，好像沒有太多困擾。照李贄的說法，還是因為魚不夠大，如果真是像山一樣的大魚，一旦進港，立刻就會面臨前不得進，後不能退的困境，那個時候，大概也只能任人宰割了。「嗟乎！豪傑之士，亦若此焉爾矣。今若索豪士于鄉人皆好之中，是猶釣魚于井也，胡可得也？則其人可謂智者歟？何也？豪傑之士決非鄉人之所好，而鄉人之中亦決不生豪傑。古今賢聖皆豪傑為之，非豪傑而能為聖賢者。」[122]

立志做一條如山大魚的李贄，顯然認清了泉州是容不下他這種豪傑之士的。事實上，天下之大，又真能容得下他這個異端嗎？

即使如此，我在這裡仍然把他和其他三位生於泉州、死於泉州的儒生並列，用以分析晚明泉州文化的特色。最大的原因，是李贄在告仕而不還鄉的解釋中，已經清楚地說明泉州是他的家鄉，和他不願意老死故鄉的理由。上面鮮活的比喻，他言必稱「余家泉海」，也清楚說明了他已經下意識地把泉州視為家鄉的認同。他在泉州度過近半生的歲月，其後漂流各地，都只是人生和思想各個階段的發展，但我們很難將他定位為南京人、麻城人或北京人。其次，他特別兩次返鄉居喪，將自己的先人、父母都安葬入土。妻子最後也堅決要回到泉州，並死於泉州，都進一步說明泉州是他最親近的先人和妻子的埋骨之地。

萬曆九年（一五八一），李贄到湖北黃安，依耿定理。[123]萬曆十二年（一五八四），耿定理謝世，大概就在這個時候，李贄的妻子堅決要返回泉州，他只好請人護送妻子返鄉：「後因寓楚，欲親就良師友，而賤眷苦不肯流，故令小婿小女送之歸。」[124]妻子返鄉後，他遣散童僕依親，隻身走麻城芝佛院。[125]

這段時間，他讀書著述，尚稱愉快。但萬曆十五年，妻子黃宜人過世，他哀痛逾恆：「我雖鐵石作肝，能不慨然！況臨老各天，不及永訣耶！已矣！已矣！自聞訃後，無一夜不入夢，但俱不知是死，豈真到此乎？抑吾念之，魂自相招也？」[126]第二年，歷經喪子、喪女、喪妻之痛的李贄，在芝佛院剃髮為僧。[127]

這位半生漂泊在外的思想家，固然思想被視為異端，但在精神上，其實和泉州那些在海外或國內各地經商的大小商賈，甚至在日本稱雄的大海寇李旦一樣，都不甘於自己的生平志業，被限制在小小的泉州一地，而要到廣闊的異鄉成就自己的心願。

李贄在自述思想的轉折經過時說：「余自幼倔僵難化，不信學，不信道，不信仙、釋，故見道人則惡，見僧則惡，見道學先生則尤惡。」[128]嘉靖四十五年（一五六六），他四十歲時，到北京補禮部司務，在友人李逢陽、徐用儉的誘導下，開始接觸左派王學和王陽明的學說：「不幸年甫四十，為友人李逢陽、徐用儉所誘，告我龍溪王先生語，示我陽明王先生書，乃知得道真人不死，實與真佛、真仙同，雖倔僵，不得不信之矣！」[129]

隆慶四年（一五七〇）起，李贄徙官金陵，在他的學術思想上，是一重大轉折。在南京六年間，他不但和焦竑、耿定理結成莫逆之交，並且結識泰州學派的著名學者王畿和羅汝芳，受他們極大的影響。[130]

在南京的最後一年，他在友人的勸誨下，開始接觸佛學，這是他思想上的一大轉捩點：「五十以後，大衰欲死，因得友朋勸誨，翻閱貝經，幸于生死之原窺見斑點。」並且開始研讀《大學》、《中庸》和《易經》，對儒家有比較深入的了解：「嗚呼！余今日知吾夫子矣，不吠聲矣；向作矮子，至老遂為長人矣。雖余志氣可取，然師友之功安可誣耶！既自謂知聖，故亦欲與釋子輩共之，蓋推向者友朋之心以及釋子，使知其萬古一道，無二無別。」[131]

李贄和前述三位泉州學者的主要共同點，在對商人和商業活動的大力支持。此外，公然抨擊官方意識形態的程朱學說是偽道學，以及種種顛倒千古是非的議論，也讓他和其他三位同鄉，特別是大力批判陽明學的林希元，完全背道而馳。懷有鴻鵠之志的李贄，半生漂泊在南京、北京、麻城等地，遍覽群籍，勇敢地抒發己見，最後果然跳脫了泉州思想文化的窠臼，發展出撼人的異端學說，讓學者靡然成風。

除了在思想反面建立一家之學，成為名滿天下的泰州學派的宗師，李贄在文學評論和文化方面，也發生了極大的影響。在江南文化的核心要素——崑曲——上，占有重要地位的湯顯祖，就受到李贄〈童心說〉極大的影響。[132]湯顯祖和李贄一樣，師事羅汝芳，為他的文藝觀奠定了哲學基礎。他的文藝觀的另一個基石——情真，在李贄的〈雜說〉一文中，作了更徹底的發揮，和湯顯祖景仰、追求的「狂斐」之道，緊密地聯繫在一起。[133]

湯顯祖師事羅汝芳，受羅的影響最早也最久。但在文學創作上，他卻逐漸背離師門，李贄的見解取而代之。一五九〇年，李贄的《焚書》剛刻印，湯顯祖就寫信給擔任蘇州知府的石崑玉：「肯為求其書，寄我駘蕩否？」[134]渴慕之情，溢於言表。讓這位來自泉州的思想家，在明末江南文化的核心要素之一——崑曲——的發展上占有一席之地。

結語

泉州的幾位士大夫都不像晚明的江南名士那樣，遭逢到一六四四年的亡國之痛，並分別作出各種激烈的選擇。但這些士大夫雖然生長在不相同的朝代，卻都親身目睹了倭亂對家鄉泉州的親人、女性、朋友和一般百姓的慘烈荼毒。除了各自的記敘外，林希元和何喬遠這兩位曾經在朝為官的鄉紳都對此提出各種建言和對策。李贄雖然半生在各地漂泊，但也無法完全置身事外，不但親自帶著兄弟、族人走向對抗倭寇的第一線，並且提出一番和他作為「異端」思想家頗為一貫的「大盜觀」。

除了李贄外，這幾位士大夫都被歸類為不同學派的理學家。雖然他們的理學論述、實踐有極大的差異，但受到理學的影響是毫無置疑的，這點是他們和晚明名士相當明顯的差異。雖然後人對林希元的經濟狀況有和他自己很不同的評價，但他在日常生活中，致力講學、著述，和窮到沒有棺木葬身的何喬遠，都可說是儒家「入世苦行」的學者。

這樣的生活，和晚明名士在江南講求的品味、戲曲、悠雅精緻的日常生活以及秦淮舊院的名妓，簡直是兩個完全不同的世界。上述何喬遠對欲望和戲曲的態度，就是最好的例子。兩個群體另一個重大的差別，是江南名士都生活在商品經濟發達的江南文化中，他們的生活固然都需要金錢和物質為之支撐，但對他們也許就像空氣一樣自然。這些名士致力經營自己的品味生活之不暇，自然不會過問追求金錢的「俗務」。但對泉州這些浸淫在儒家程朱、陸王理學的士大夫而言，商業就是泉州的命脈，海禁完全斷絕了泉州人的正常生計，所以對商業和商業活動的記載、鼓吹，就變成他們職責中的「應有之意」。

真正讓這兩個群體緊密結合在一起的，大概就是顧起元、冒襄、張岱等人的神怪記敘和信仰。既是儒紳，又生長、讀書在佛國的泉州士大夫，浸淫在泉州飽滿的怪力亂神的文化中，似乎也想當然爾地為家鄉的特殊風采，留下了一則又一則《天方夜譚》般的神話和鬼話。

第二章　倭亂與開海

嘉靖即位後，由於浙江、福建沿海的倭寇問題日趨嚴重，私商、海盜與倭寇結合為亂，所以朝廷重申海禁政策。嘉靖二十一年（一五四二），「寧波知府曹浩以通番船招致海寇，故每廣捕接納通番之人，鄞鄉士夫嘗為之拯拔，知府曹浩曰：今日也說通番，明日也說通番，通得血流滿地方止」。[1]二十六年夏，福建海寇林剪引誘葡萄牙人到寧波雙嶼港與許棟會合，糾合徒黨番客，乘夜洗劫餘姚縣謝氏，官府謊報倭寇來襲，震動朝廷，遂於七月改派朱紈巡撫浙江，兼管福建福、興、建寧、漳、泉等處海道地方，提督軍務，掀起了新一波的海禁浪潮。[2]

《閩書》中的倭亂

關於嘉靖年間，私商、海盜與倭寇結合為亂的原因，朱紈與大盜王直的戰爭經過，以及朱紈死後，王直東山再起所造成的禍亂，何喬遠在《閩書》中，也作了一番在地史家的記述、分析。由於在《鏡山全集》中，何喬遠堅決地表達了反對日本入貢的態度，我們可以以他在《閩書》中的記載為出發點，然後作一些必要的補充。

由於日本入貢資格被取消，和嘉靖二年（一五二三）代表日本敵對之兩大勢力之一的巨室，護送番貨的宋素卿有關，我們就從這個人開始講起。「正德中，鄞人朱縞變姓名為宋素卿，亡入其國。國王源義澄悅之，遣入貢。素卿與其故族人耳目為奸利，厚賄閹瑾，得賜飛魚服以歸。」嘉靖二年，西海道和東海道分別派人入貢。宋素卿和僧瑞佐被東海道海川高國所遣，帶著貢物到了寧波。依照慣例，「番使至寧波有宴，先至者居上。素卿賄市舶太監，義先閱貢，宴之，坐上座。宗設眾不平，攻瑞佐，殺之，追逐素卿抵紹興城下。素卿竄入慈谿，縱火大掠。指揮劉錦與戰，死，遂蹂躪寧紹間」。[3]殺死指揮官，掠奪蹂躪於寧波紹興之間，當然是無可寬恕的重大罪行。

九年，國王源義晴復附琉球使來言，為素卿乞宥罪，并請復修貢獻。是時，夏言為兵科給事中，言：「夷人仇殺之禍，皆起市舶。」禮部請罷之，而日本貢使絕矣。十八年，復以修貢請，許之，期以十年，人無過百，船無過三。然諸夷嗜中國貨物，至者率遷延不去。貢若人數，又恒不如約。是時，市舶既罷，貨主商家商率為奸利。虛值轉鬻，負其責不啻千萬。索急，則投貴官家。[4]

所謂「諸夷嗜中國貨物，至者率遷延不去」，應該是明朝朝貢制度下普遍的現象。對前來進貢的各國商人來說，中國是一個重大的商機，既然不能用正常的方式進行商品買賣交易，當然要利用這個得來不易的進貢機會（我們從後面葡萄牙商人千方百計地希望和中國建立朝貢關係而無法如願的記載，就可以看出朝貢的重要性），在人數、期限方面作最大的投機。

值得注意的是對進行買賣的貨主、商家來說，都要盡可能地從中謀取暴利。他們可能收取了日本商人的大量現金，卻無法如期交貨，被日本人逼急了，就只好向也參與在這些買賣中的地方大官紳求救。當久候不得的夷人以武力相向時，這些「貴官家」的典型做法，是先向負責地方安危和秩序的「當事者」誇大雙方的敵對情勢，要求地方官員或指揮官出兵脅迫夷人離去；另一方面，又將地方當局即將出兵鎮壓的情報洩露給騷動的夷人。但這種反覆的伎倆，只會讓虧損累累的日本商人累積更多的怨恨，為倭亂埋下導火線：

> 夷人候久不得，頗搆難，有所殺傷。貴官家輒出危言撼當事者，兵之使去，而先陰泄之以為德。如是者久，夷人大恨，言：「挾國王貲而來，不得

> 直，曷歸報？」因盤據島中，並海不逞之民，若生計困迫者，糾引而歸之，時時寇沿海諸郡矣。[5]

朱紈就在這樣動蕩的局勢中登場。「朝議置大臣兼巡浙福海道，詔以巡撫南贛、汀、漳都御史朱紈為之，是為二十五年。[6]紈至，則嚴勾連主藏禁，犯者戮，無少假，上章鐫暴二三貴官家」。[7]而朱紈的主要對手，則是王直所領導的海盜群。

> 而歙人王直者，少任俠多略，一時惡少若葉宗滿、徐惟學、陳東、王汝賢、王激等樂於游。……直奸出禁物，歷市西洋諸國，致富不貲。夷人信服之，貨至，一主直為儈。紈禁既嚴，諸奸商藉是益負，倭競責直。直無所出，招亡命千人逃入海，推許二者為帥，引倭結巢霩衢之雙嶼港。閩、浙蜂起之徒益附之，浸淫蠶食，海上聚保矣。[8]

一時呼風喚雨，讓夷人信服，而推為貨主的王直，因為朱紈的雷厲風行，貨物無法進出，王直反而成為日本人競相指責的目標。於是他召集亡命之徒，逃入海中，並以雙嶼港為巢，吸納了一些真正的「倭寇」。一旦有了棲身之所，風聞而至的閩、浙徒眾越來越多，商機也隨之而至。二十七年（一五四八），朱紈用火攻、填港等激烈的手段，對王直進行總反攻：

> 紈居浙二年，盛集舟師雙嶼，挑之不出。會夜風雨，將逸去，紈火攻之，多所斬捕，更令福建都指揮盧鏜搗之，俘斬溺死者數百人，餘黨遁入福建之吾嶼。紈帥鏜勦平之，躬督兵眾填塞港口，令不得復入。[9]

朱紈激烈的手段，不僅斬斷了王直這些海盜和日本商人的商機，也讓原本從中獲利的浙中貴官家（或所謂的濱海勢家）大為不滿，群情激動。而朱紈則對朝廷謊稱大開殺戒的原因，是因為佛郎機人劫掠到漳州邊界，官軍被迫追擊。在朱紈的謊言最後被拆穿後，朝廷下令逮捕到京師審問，朱紈則選擇了令後人頗為同情的「仰藥自盡」的激烈行動：

> 此時有滿剌加夷者，故商漳州之月港，漳民畏紈厲禁，不敢與通，捕逐之。夷人憤起格鬥，漳人擒焉。紈語鏜及海道副使柯喬，無論夷首從若我民，悉殺之。殲其九十六人，謬言於朝：佛郎機夷行劫至漳界，官軍追擊於走馬溪上，擒得者。紈以厲禁為浙中二三貴官家所不樂。先是，言官業請改巡撫為巡視，以輕紈權，以消浙人觖望之意。至是，御史九德劾紈專擅濫殺。詔罷紈，下鏜、喬吏，遣都給事汝楨即訊。訊報則滿剌加夷來市，非佛郎機行劫者，專擅濫殺誠如御史言。詔鏜、喬論死，繫獄；逮紈至京師訊之。紈驚，仰藥自盡。從此，當事者以紈為戒。[10]

何喬遠在他的另一套巨著《名山藏》中，對走馬溪事件的敘述和此處類似，[11]而和《明史》同情朱紈，採取他的「謊言」的記載不同。原因之一，是何喬遠和林希元一樣，都站在泉州本地人的立場，堅決主張開海禁政策，對朱紈嚴格禁海的做法，自是不能苟同。我們下面引用《明史．朱紈傳》中的記載，來看看二者間的差別：

二十七年四月，朱紈督官軍進攻寧波雙嶼，都司盧鏜打破海賊，俘倭人稽天及華人許棟等，又督分巡副使柯喬出海，擒渠帥三人及「真夷」六十。於是漳、泉商民大恐，勢家皆懼。閩人之在朝者亦惡之。……紈以中國制馭外國，宜守誠信，上疏爭之，曰：「去中國瀕海之盜猶易，去中國衣冠之盜尤難。」對閩、浙勢家大肆攻擊。……嘉靖二十八年三月，葡萄牙人行劫至詔安，紈擊破之，擒其首李光頭等九十六人，以便宜斬之，其後具狀報聞，語多侵及閩南勢家豪紳。御史陳九德遂劾紈擅殺。二十九年七月，……紈聞命，未逮而仰藥自盡。[12]

朱紈死後，倭亂又發展到另一個階段：「閏三月，大猷入烈港，火賊營。王直突圍去，更集餘黨，掠嘉定劉家河，揚帆西。」「直更造巨船連舫，柵木為樓櫓，入倭據薩摩洲之松浦津，偽稱徽王。」「倭賊勇而戇，每戰赤體舞刀前，不復別生死，大率狡悍善設伏，能以寡擊眾。而內地久寧，目不見寇，遇輒靡潰，沿海諸郡僅僅保孤城。賊往來聚散，如入無人之境。」[13]稱王後的王直，不但造了更大的船艦，還統帥著一批不畏生死，狡詐強悍，善於埋伏的戰士。他們來去浙江、福建沿海的城鎮，予取予求，如入無人之境。對久不經戰火，不知海盜為何物的當地居民來說，空守孤城的恐懼和苦難，可想而知。

嘉靖三十四年（一五五五）開始，福建開始受到更多的侵襲：「此時，倭大猖獗江以南，其冬，復有一百餘人犯福建莆田縣鎮海、鎮東等衛。泉州指揮童乾震所與戰死於海口者也。蓋閩中犯倭自此始。」由於這些海寇都是王直的手下，備受打擊的明朝政府在這一年下令懸賞王直：「是歲，朝廷立賞格，有擒斬王直者封伯爵，賞萬金。」第二年，負責剿匪重任的胡宗憲「計誘王直，擒之」。[14]王直雖然被擒獲，但倭亂並未因此平息，反而越演越烈，帶來重大的損失：「直雖已擒，然其餘黨毛烈知無所歸，尚據舟山，阻岑港，巢柯海，連犯吳越，首尾巢閩中七八歲，閩所破滅城十餘，掠子女財物不可勝計。官吏軍民戰及俘死不下數十萬，轉漕軍食橫賞賜，乾沒入橐中者費以鉅萬，而東南膏髓竭矣。」「是冬，則又犯福州洪塘、南臺等處，巡撫都御史阮鶚坐逮繫，罷為民。」[15]王直的餘黨占據閩中的七、八年間，帶來巨大的損失，他們破滅了十幾座城池，掠奪的子女財物難以計算。官吏、軍民戰死或淪為俘虜而死的不下數十萬。而明朝從各地轉運到戰地的漕糧，被中飽私囊的費以鉅萬。東南的膏粱精髓，因而為之枯竭。

三十七年，局勢益加嚴峻。一年內，毛烈的黨羽發起一波一波的攻勢：「四月辛巳，犯浙江台、溫，福建興、泉等府。丙申，陷福清，殺縣令，劫庫獄，虜男婦千餘，攻惠安，殺知縣林咸。」「五月戊申，入南安。甲戌，倭自福清海口出港，參將尹鳳等擊之，斬獲溺死者甚眾。」十一月，賊眾乾脆在沿海島嶼築屋定居，讓他們的補給、進攻更為方便：「十一月，烈自柯海駕舟出海，停福建浯嶼，復移眾南澳山，造屋以居，福、興、潮、廣間，紛紛以倭警聞矣。」[16]

「三十八年，又大至福建，攻福寧州。不克，攻福安、寧德，破之。福、興、泉、漳，無地非倭矣。」[17]

「三十九年，破永定城，又破寧德縣，殺參將王夢麟、知縣李堯卿。興、泉、漳三郡，賊以外皆為賊藪。」所謂「賊以外皆為賊藪」，意思幾乎就是說這三個府，幾乎全民皆賊、皆倭了。下面生動的描述，可以用為例證：「貧民無賴者竄入賊中，為之謀主、羽翼，掠行人，發墳塚，量其家貲索贖。」這些對地方生態最了解的貧民無賴乘火打劫，讓三個區域變成了人間煉獄。負責打擊倭寇的地方將帥，則將中國官僚中最惡劣的一面，發揮到極點：「諸將帥冒功飾敗，賊滿載歸者，指為逐遁，阻風旋者，指為遮擊，上下相蒙，遂成故事。先後巡撫王詢以避難引疾去，而劉燾貪縱欺誕，厚賄分宜相，言官交相論詆，猶得以風土不便調外矣。」[18]能貪則貪，能逃則逃，官風、士氣都為之瓦解。

也就是在這個一片黯然的局勢中，戚繼光打開了新局面：「是年，胡宗憲檄浙江參將戚繼光來援。繼光故訓練義烏兵，有勇可使，則帥之來。」「時倭據寧德之橫嶼，沮水為營，官軍坐守踰年。繼光令軍人持束草填河進，力戰，大破之，生擒九百，斬首二千六百餘，焚溺死者無算，奪所擄三千七百餘人。乘明勦福清牛田倭，又大破之。夜迴入興化，連破其六十餘營。而繼光復歸於浙。」[19]這大概是倭亂爆發以來，明朝軍隊最振奮人心的反攻。

四十一年（一五六二）八月，新倭大至，犯福清、羅源、連江等縣，殺游擊將軍倪祿。十一月，攻興化府，陷之，殺一同知奚世亮，據城中者三月。明廷起用譚綸，並再度派遣副總兵戚繼光星馳應援：「四月，繼光與總兵劉顯、俞大猷夾攻，大破之。……是戰也，賊與顯及大猷對壘，日久頗懈，謂繼光遠來疲乏，未能軍。而繼光兵至如風火，擒殺無遺。」用兵如閃電的戚繼光，對久困賊手的興化人來說，簡直是天降神兵，難怪「興化人德繼光如親父兄」。[20]

「興化圍解，繼光分前將趨福州，合擊長樂寇，破之。倭屯海上者盡遁。」

「四十三年，繼光復擊仙游殘倭，破之。賊趨同安，繼光追至王滄泙，又追及於漳浦之蔡丕嶺，斬首千餘級。其殘寇得脫者，流入廣東。」[21]「總兵俞大猷率兵圍之，相守且兩月，賊食盡，將遁，報效副總兵湯克寬設伏待之，擒斬二千餘人。」

自是，倭寇絕。「自東南中倭以來，十餘年間，生靈之塗炭已極，倭亦大傷，至盡島不返。」「隆慶時，海上逋寇曾一本等復稍稍勾引人犯閩、粵，我亦嚴為備，旋至旋撲，非如嘉靖之季矣。」[22]

何喬遠在《閩書》中關於倭亂的描述，簡扼、生動而具體，並充分反映了一個在地大史學家的視角，為明末東南海的心腹之患提供了一個寬闊的背景。就是在這個背景下，本書中的幾位理學家／作者要展開他們一連串的議論和敘事。不過在進入這個主題前，我們有必要對勢家的問題，和衛所軍人在海上走私貿易中的角色，做一番簡單的討論。

濱海勢家

勢家或貴官家參與嘉靖朝海寇、走私商人的海外貿易，並從中牟利、操縱的事實，何喬遠在前面的描述中，除了沒有指名點姓外，已經說得很明顯。本章一開頭，我們用當代學者的研究，說明嘉靖二十六年（一五四七）夏，福建海寇林剪引誘葡萄牙人到寧波雙嶼港，糾合徒黨番客，乘夜洗劫餘姚縣謝氏，官府謊報倭寇來襲，震動朝廷。朱紈的派遣，也由此而來。根據早期學者的研究，海禁因為盜亂紛起後，越趨嚴格。走私商人開始與貴家結託，以求庇護。「貴家初為說關拯拔，坐索重賄。後則為歇家窩主，勾通私販。既而陰持兩端，要脅騙勒，玩弄其間。私販者憤其陰狠狡詐，遂結合報復。」這些索債寇掠的其實並非全為倭人，很多是中國海商嗾使或假倭為名以洩憤。因此而有二十六年夏天，焚劫餘姚謝氏宅的戲劇性情節。[23]

陳文石在此引用世宗朝《實錄》的記載，作了更清楚的描述：「按海上之事，初起於內地奸商王直、徐海等，常闌出中國財貨與番客市易，皆主於餘姚謝氏。謝氏頗抑其值，諸奸索之急，謝氏度負多不能償，則以言恐之曰：吾將首汝於官。諸奸既恨且懼，乃糾合徒黨番客，夜劫謝氏，火其居，殺男女數人，大掠而去。」[24]這裡的謝氏宅即謝遷（弘治、正德年間大學士）第。這樣的高官插手在私販、番客之間，終至局勢越演越烈，海商也由此轉為海盜。不過陳文石也特別強調，焚劫餘姚謝氏宅的是許氏兄弟，而非王直。[25]

不過，和本書更相關的是被指為「閩南濱海勢家」的林希元。朱紈在他的〈閱視海防事疏〉中，對他的諸多惡行，點名道姓地加以指責。在後來明清史家的歷史敘事中，朱紈最後之所以被構陷而死，主要是因為他嚴行海禁，觸犯了沿海通番勢家（以林希元為代表）。[26]根據朱紈的描述，當他奉派為巡撫浙江並總督福建沿海軍務後，發現林希元已經擁有一支龐大的船隊，以渡船為名，實則皆用以運貨走私。[27]「其船隊的貿易區域遠達南洋一帶，通常往返一次約半年，船隊回航後，私商須將所借資本連同利息歸還林氏，並與其朋分剩餘所得利潤。林希元以此種方式經營海上貿易，從中獲得巨利，加以其居鄉士大夫的政治勢力，鄉人無不畏之，形同『土豪』。」[28]

林希元的這個形象和他自己在《文集》中的描述差了十萬八千里，也和他知名程朱理學家的身分大相徑庭。劉婷玉充分利用了林希元在自己《文集》中的說法和各種豐富的資料，對林希元「閩南濱海勢家」形象的形成，有極為精彩的論述。

首先，她認為朱紈死於閩浙勢家構陷的說法，大致成形於隆慶、萬曆年間

（一五六七—一六二〇）。其中最具代表性的，莫過於當時文壇盟主王世貞（一五二六—一五九〇）對朱紈生平的記述。王世貞之所以重點描述朱紈被冤枉的情節，和他的父親王忬（一五〇七—一五六〇）關係最大。因為王忬後來也擔任了同一職務負責抗倭，而為嚴嵩一黨構陷論死。王世貞在隆慶初年為其父翻案時，也將朱紈放在同一個需要翻案的序列中，因而將朱紈被冤枉的情節加以重點描述。[29]

除了王世貞在當時文壇的影響力之外，隆慶年間的士人們，在剛剛目睹了嘉靖朝倭寇的荼毒後，在追究倭患原因時，也很自然地會回想到朱紈平定海寇卻被彈劾驚死以及海禁隨之不行的情節，因而接受了閩浙勢家構陷的說法。[30]

接著，作者更進一步，分析了林希元在自己《文集》中的辯白。林希元在給翁璨的信中，特別強調自己「曾作書推薦門生，汀、漳守備指揮俞大猷可用」。[31]而俞又成為東南抗倭最主要的將領。其次，林希元又舉了自己母親在弘治五年（一四九二）親身受到入侵倭寇侵擾的細節，以及自己的摯友，曾經擔任兩廣巡撫的張岳（一四九二—一五五三），因家在泉州惠安，而遭受倭寇之害的例子，來表明閩南沿海士人受海寇之害的情狀。[32]這樣的人，怎麼會變成朱紈指控的「通番勢家」呢？

在作者看起來，朱紈和閩南沿海士人的緊張關係有兩個主要的原因。第一，朱紈的厲行海禁，確實侵犯到了沿海士民出外貿易的利益。第二，朱紈所攻擊的番與寇，並不是閩南士民認知中需要被打擊的海寇。林希元從閩南士民的角度，對應當予以打擊的寇進行了界定，即「侵暴我邊疆，殺戮我人民，刼掠我財物，若北之胡，南之越，今閩之山海二寇」，而葡萄牙人則不在此行列。[33]林希元對葡萄牙人的細緻辯解，我在後文中會仔細討論。回到作者此處的論述，在將林希元視為沿海自由貿易商人之代言者的同時，我們也許太過看重其在沿海私人貿易獲利的部分，而忽視其對社會秩序訴求的一面。[34]

在結論的部分，作者不忘強調林希元海外貿易商人的身分，但站在這樣的立場，她認為像林希元這樣的閩南士紳，既考慮到地方貿易和安定的利益需求，又切實希望將這個因為寇亂而混亂的區域納入國家管理體制的考量。[35]

衛所軍人

明朝東南沿海的走私貿易，幾乎是一場該地區全體居民參與的商業活動。除了大學士領銜的貴官家和閩南濱海士紳，同樣具有官方身分的衛所軍人，也不分階級地參與其中。兵船理論上的責任是監管海盜和走私的商船，但到最後，士兵、商人和走私者間的界線，往往變得模糊難以辨認：「一艘被風浪吹上岸的船隻，可能是商船，也可能是兵船。若是後者，那它可能是在單純地執行公務；或一邊執行公務，一邊私下做一些小買賣；又或在上官的默許下，打著執行公務的幌子從事海上貿易；也可能所謂的公務純屬子虛烏有，一切都是嫌犯事先為應對被捕後的審訊而編造的謊言。」「對官府而言，上述多種可能的情況均有其合理之處。辦案官員假設與本案相關的各方，包括船員、看守洋船的士兵、卸貨以便查驗的搬運工，甚至洋船停靠地附近的居民，都具備買賣外國商品的資源、技巧、資金和市場知識。儘管官府努力對涉案人員進行分類，但在十七世紀初的海洋世界，商人、走私者和士兵之間的界線可能非常模糊。」[36]

在宋怡明（Michael Szonyi）極具震撼性的研究中，明代福建的衛所軍人和他們的家屬，利用自己在軍隊中的關係，參與東南沿海的走私和海盜活動，因而發家致富。[37]他們各種「膽大妄為」的做法，隨著明中葉貿易性質的改變而與時俱進：「終明之世，軍人利用自己靠近海防體制的優勢牟利自肥，以不同程度的『膽大妄為』參與走私，在王朝近三百年的歷史中，狀況並非一成不變。明代中葉，倭患一度加劇，隨後朝廷調整相關的貿易管制條例。歐洲人的到來使問題複雜化，但有一件事沒有改變：軍官及其部下利用自己在一個監管制度『軍隊』中的有利地位，在另一個監管制度『國際貿易體制』中撈取好處。」這些鎮守東南沿海地區的士兵，主要的軍事任務是維持海上秩序、消滅走私和海盜行為。平定「倭寇」是他們的職責所在，但他們當中的一部分人卻正是「倭寇」本身。[38]

作者利用了一份極難得的家譜資料，為我們講述了蔣繼實傳奇的故事。福全蔣氏的始祖是朱元璋的老鄉，都來自濠州鍾離縣。蔣繼實是蔣家七世孫，在嘉靖元年頂補他的堂哥成為福全所千戶，和他的祖輩和後輩一樣，主要職責在保衛沿海地區免受倭寇侵擾。當地有一夥倭寇，首領叫李文信。蔣繼實充分掌握李文信的行蹤，趁他與手下大擺筵席時發動突襲。這是他一生最冒險的行動之一，最終生擒了李文信和他的妻子及妹妹，並從這次行動中起獲「賊贓番貨」。其他軍官對這場大捷心存妒忌，因此四處散播謠言，說蔣與匪首之妹「結為兄娣」，並收下他家人賄贈的「珍珠一斗，金一甕，薔薇露萬斛」。蔣繼實一怒之下，索性放走了李文信。[39]

蔣繼實傳記中的軍人世界和他在官方史料中的面貌大不相同：「一方面，蔣繼實與來自晉江的金門所指揮俞大猷有八拜之交，和地方上的許多仕紳相得甚歡；另一方面，他和該區海盜首領之間的關係一言難盡，與匪首之妹更是不清不楚。他攻擊的賊船，滿載著瓷器，顯然不是那種令本地百姓望而生畏的戰船，反而更像是貨船或是駁船。就像所有引人入勝的海盜故事一樣，蔣繼實的傳奇中總是出現金銀財寶。」可想而知，聰明的蔣繼實並沒有把這些金銀財寶獨吞，而是用來打通上下，讓大家雨露均霑：「無論是蔣家的下游或是上游，都存在著更加複雜的貨物流通。也許有的是李文信送來的禮物，有的則是李文信妹妹的贖金。蔣繼實起獲賊贓，既沒有物歸原主，也沒有上繳國庫，而是贈予上級或分給手下。上至軍官，下至士兵，都覬覦這些被稱為『番貨』的財寶，他們肯定有能力將之在市場上變賣。」作者因此推斷：當時肯定有一些必不可少的市場機構在為他們服務。[40]

蔣顯然是一個幹練而深通人情世故的職業軍官，從和海盜首領的交往中，獲取大筆利益。並小心翼翼買通上下，將贓貨妥當地處理。相形之下，他的把總張四維就更加肆無忌憚了：「他結交汪（王）直。他曾送給汪直一條玉帶，『近則拜伏叩頭，甘為臣僕，為其送貨，一呼即往，自以為榮』。如這段記述的作者所言，上述行為顯示出『順逆不分』。」[41]這個價值顛倒的世界，在某種意義上，和晚明江南因為商品經濟的高度發展而帶來的後果，頗有些類似。

佛郎機

在林希元各種開海禁的議論與策略中，他為佛郎機（葡萄牙）的辯解，最引人注目，所以我們就從這裡開始。他寫下這些議論的導火線，是負責其事的海道打算對佛郎機進攻。林希元除了獻上攻夷之策外，並仔細分析不必攻打的原因：「佛郎機之攻，何謂不當為？大夷狄之於中國，若侵暴我邊疆，殺戮我人民，劫掠我財物，若北之胡，南之越，今閩之山海二寇，則當治兵振旅，攻之不踰時也。」如果佛郎機犯了前述的罪行，自當立刻進攻，但問題是，佛朗機不但不曾帶來傷害，反而帶來了當地民眾最需要的商品：「若以貨物與吾民交易，如甘肅、西寧之馬，廣東之藥材、漆、胡椒、蘇木、象牙、諸香料，則不在所禁也。佛郎機之來，皆以其地胡椒、蘇木、象牙、蘇油、沉束檀乳諸香與邊民交易，其價尤平；其日用飲食之資於吾民者，如米、麵、豬、雞之數，其價皆倍於常。故邊民樂與為市。」[42]

尤有進者，佛郎機非但不曾傷害、劫掠中國百姓，還幫中國除掉了二十年來的心頭大患——海盜林剪：「未嘗侵暴我邊疆，殺戮我人民，劫掠我財物。且其初來也，慮群盜剽掠累已，為我驅逐，故群盜畏憚不敢肆。強盜林剪橫行海上，官府不能治，彼則為吾除之，二十年海寇一旦而盡。據此，則佛郎機未嘗為盜，且為禦盜；未嘗害吾民，且有利於吾民也。官府切欲治之，元誠不見其是。」[43] 官府對這樣一批有利無害的夷人，必欲除之，實在讓人費解。

先是在大方向上肯定了佛郎機的貢獻與成就，接下來，林歷數多年來海寇、山寇燒殺擄掠的種種罪行，然後反問：「佛郎機之來，於今五年矣，曾見有是乎？無是而欲攻之，何也？佛郎機雖無盜賊劫掠之行，其收買子女不為無罪，然其罪未至於強盜，邊民略誘賣與，尤為可惡。」[44] 然後，他以一種自我辯解的口氣，分析對付這些夷人的策略：「元於此籌之甚熟，未嘗以夷為盡無罪，亦未嘗以為有大罪；未嘗以夷為不必攻，亦未嘗以夷為容易攻。故嘗作〈佛郎論〉，專罪容保交通之人，以攻夷責之，俾自為計，既獻攻夷之策於海道，又薦門下知兵之人為之用，是元於機夷未嘗黨之，其攻否之宜與攻治之策，蓋有見焉，不若時人之輕舉妄動也。元前見海道欲攻夷，曾作書薦門生，汀、漳守備指揮俞大猷可用，又薦門下知兵陳一貫獻謀夷秘計於海道。未有可用之人，又薦生員鄭岳於海道。」「既而，海道自漳至泉謁巡按，過同，語元機夷未嘗害吾人，似不必攻，已遣指揮往夷船，諭令暫避巡按。」「若令夷人將在船貨物報官抽分，然後以逋負告官，則法上可行，夷人亦信。又令至夷船察探其虛實以報。鄭生至海門，諭夷人如予策，夷人果悅，置酒延款。」[45]

作為一位務實的地方士紳，林希元以民眾的利益為優先考慮，指出佛郎機的貢獻以及官府應該採用的應對策略。對策略的講求，也顯現在他對弭平海寇的建議中。

弭平海盜的策略

《閩書》中對嘉靖海寇的侵襲，與胡宗憲、俞大猷、戚繼光等人的戰功，多所著墨，但各地自己的軍隊如何對付這些入侵的海盜，則少有論述。其實在林希元、何喬遠等人的文集中，都可以讀到不少應敵的議論以及地方官員的戰績，值得我們一一標舉出來，為這段慘烈的悲劇，留下一些歷史的見證。

林希元在嘉靖二十六年（一五四七）罷歸後，就在家鄉專心著述、講學。但這個時候，正是倭亂開始在東南沿海掀起漫天波瀾的大動亂期。林希元一向關心國政，對這一波波發生在自己家鄉一帶的侵擾，當然不可能視而不見：「竊自惟念，雖退居林下，未忘當世，況鄉國之難，疾痛在躬，又惡容默？」[46]在這篇批評當道處理倭亂策略錯誤的文章一開頭，他這麼說：「夫海滄寇盜所以相尋不已者，招撫啟之也。自官府招撫之策行，海滄寇盜更相仿效，遂不可止。今日之林益成，即前日之李昭卒、李益進、馬宗實輩也。夫李周賢者，亦見吾往時之跋扈，既卒苟免，今日之林益成又得寬宥，吾弟之罪，未至於益成。吾力足以鼓亂而又過之，吾再觀兵，官府必復憚而我釋，此其所以敢為叛亂，輕舉而不顧也。」官員的招撫政策，既然讓海盜有恃無恐，一再叛亂，彌補之道，唯有剿滅：「今不大加創懲，大肆誅滅，不足以折奸雄之心，不足以塞禍亂之源，不足以洗往事之愆。」[47]

不過林希元的論述，到此緊接著來了個大轉折。他說凡事制之於未然，比較容易，一旦等這些海盜羽翼豐滿再來論剿，已經失去先機：「今雖合郡縣之兵以攻之，譬猶高飛之鳥，深逝之魚，愈攻愈遁，愈急愈遠，滄海無涯，兵力有限，老師費財，安見賊之可得哉？」為今之計，「宜可偃旗臥鼓，示以不攻之形，密遣廣東，約其地方官，謂荼毒貴地，今不可輕宥。李周賢望風作亂，必禍延於彼，如欲解禍息民，須彼此夾攻，使發黑槽大船四十艘星馳而北。沿海要害，各置精兵，而陰為圖之之計」。

另一方面，則「遣人親至賊巢，徵集鄉老，挨門清查，籍其姓名，別其脅從。脅從之民許自首，非脅從除首惡外，有能自相斬捕，與獲賊同賞。先之文告，傳播四方，限兩月以里，如過期不至，然後擊其黨親，夷其廬舍墳墓，沒其田產。如此，則賊黨漸散，賊勢自孤」。[48]一方面聯絡廣東，在各要害處布置精兵；一方面直搗賊巢，在他們泉州家鄉等地，挨門清查，以捕獲所有的餘黨。林希元面面兼顧的策略，顯示出他確實是一個足智多謀、經驗老道的政治人物。

在確定了大方向後，林進一步討論到實際作戰時的兵員和戰艦。在他看來，現在實際負責的禦敵官員，簡直就像木偶一般。林希元這樣直接的批評，倒和李贄對負責抗倭的地方首長的諷刺類似（見後）。「今各處出海官軍，特如土木偶人，最不可恃。郡縣機兵又皆僱募答應，水勢弗諳，而巡捕官往往觀望前卻，苟應文書，此皆難與共事。今之可用者，獨海濱鹽徒與漁戶耳。鹽徒、漁戶力皆雄於盜賊，海洋之技又與賊共，故往往角刃於滄波之間，盜賊反出其下。」[49]

官兵不可恃，唯一可以信賴的反而是鹽徒、漁民，他們的能力和航海技術可以和海寇大戰與「滄波之間」，並且取得最後勝利。「在南安如蓮荷、石井，在晉江如塔頭、石芹、石湖、蓮荷、深滬，以及福、漳沿海澳分，各選丁壯編成卒伍，擇其頭目統率之，給以工僱，優以犒賞，結以腹心，隆以禮貌，則彼自致死於我，不患兵不精也。」[50]在四處挑選，用心培育之後，一批可以效命於戰場的精兵就此養成。

有了可戰之兵後，剩下的就是戰船、糧餉等問題：「戰船一時殆難架造，而海滄、萬安、官澳等處大船，蓮荷、深滬等處釣船，俱可借用。器械未精，則量給銀兩，各令自備。糧餉未充，或權借預備倉之粟，而勸借僧道出粟以償之。四事既舉，然後以郡縣風力官監督各守地方，待時而動，將見內治脩而盜賊可圖也。」[51]林希元對關鍵問題和細節的了解與因應之道，在在顯示了他除了是一位滿腹經綸的理學大家之外，還是一位精明幹練的政府官員。

「往者汀、廣劇寇流毒八郡者二十年，數不過百，而猛慍莫當，民無告命，而群縣蒙恥。大巡簡公一舉而滅之。今海寇狂悖過於汀、廣。濱海之民，閑於水戰，執事又適以巡按至此，又天與執事以簡公之機也，赫然一怒，以收簡公之功，端有望於今日矣。伏惟不棄芻蕘，益采輿論，勿畏難自沮，勿驟勝自怠，則大功可奏，令名無疆矣。」巡按既然專程下車來拜訪林希元：「執事下車，以封疆之事訪之林下之老，此忠存乎國家，志切乎生民，古聖賢之事也。」林希元當然毫不保留地把他心中的構想傾囊以授，並對初來乍到的方面大員加油打氣，希望他不會「畏難自沮」，鎮定地面對險惡的局勢。[52]

林希元雖然足智多謀，但如果他的策略一直不見效，不僅負責的官員難堪，他自己大概也會覺得顏面盡失，好在有下面這一次東石大捷，不僅有大功於地方與民眾，也讓他可以進一步推銷自己的戰術：「恭喜大獲賊攻，生靈有幸，皆臺下洪庇也，無限喜慰！」「往常料海寇不難治，每告當道，又舉補盜余光普等堪任用，幸蒙見信，至今未見成功，使元之言無徵，負愧久之。今水寨連兵十二捕，一舉而獲二百劇寇，此國家一百五十年來所無之功，元之言至是始信，執事以為何如也？」[53]

巡海道原來對林希元的建議，置若罔聞，果然嘗到苦頭：「先是奉書臺下，料賊必早至，請預造舟以備之，執事不聽，不久而賊果至。」不過接下來，集中攻擊東石之寇的策略，果然帶來了聲聞五十里的大捷報：「此舉先攻李、鄧劇盜，巨艘不可動，乃舍而擊掠東石之寇，正以舟楫不敵之故耳。使元之說早行，當不至今日殺掠之慘。東石之勝不在群，而在渠魁矣，自賊攻圍頭，擄殺嘉禾之後，愈加猖獗。營前、石井諸澳望風而潰，劉五店、澳頭各澳，鄉兵俱遠出買糴於福塘，邊民無所恃，皆荷擔而立，安平市為空，且睥睨鄉宦，聲震縣治。元請縣官設戒而不應。東石之攻，炮聲五十里，煙焰漲天，遠近驚怖。若無水寨之捷，不知成何世界。此功不小，不可等閑視之也。」[54]在眾海盜攻下一座一座鄉鎮之後，地方的軍隊和民眾完全失去了鬥志，鄉兵遠出買米，縣官怠忽職守，連最基本的戒備也沒有。商人群集的安平市，也人去城空。東石大捷，總算解除了兵敗如山倒的厄運。

林希元這時提出乘勝追擊的建議，其實言之成理：「又今賊鋒既挫，賊氣大沮，正當乘勝發兵，殄絕醜虜。若舍之不治，待其安養生息，勢將復熾。羽翼一成，必肆其報復之心，邊民受禍，將有不可言者，往年廣東許折桂之事可鑒也。」[55]

接下來這則案例，情況有些曲折。林希元雖然也像往常一樣，提出獨特的禦敵策略，但最後平定亂事的，卻是一個「以任俠坐死繫府獄」的同安大戶。整個故事，充滿了傳奇的色彩。嘉靖三十六年（一五五七），強盜黃老虎流剽通安，虜鄉官及其家屬，並分劫劉御史等家，殺死官兵、鄉夫十數人。林希元率領家丁店客擒斬六名匪徒，並將匪徒的籍貫、姓名報告給守巡道，因此剿滅賊窟，盜賊屏息。沒想到，當年的賊寇，在十年後，又來循線復仇。林希元「由是絕口不言當世事，於今十年矣」。[56]在事過境遷之後，林希元還是忍不住對當前的倭亂形勢，發表了自己的高見：「邇者，倭寇自浙江流入福建，駐箚三沙，將窺諸郡。蒙當道鈞牌令有司速備器械、火藥，多募敢勇之士，又令近城郭鄉村搬錢糧、牲畜入城，以絕賊糧餉。」眼看著倭寇就要打入福建各郡城，負責的官員當然知道用兵的三個要素：士卒、器械、將帥。但在林希元看起來，地方指揮的基本方向其實難以實行：「夫用兵之要有三：練士卒也，利器械也，擇將帥也。今欲募勇敢之士，未知如何選募；欲備器械火藥，未知所備何器。趙李牧守雁門，募百金之士五百人，遂破匈奴，滅襜襤，單于避之，數歲不敢近趙邊。」[57]

以浙江前年所招募的漳、泉兵為例，裝備之簡陋，簡直是以卵擊石：「前年浙江募兵漳、泉，每兵與銀三兩，器械在內，聽其自備，斬木為竿，末置尺鐵，青紅白布裹首，行裝不辦，盔甲俱無，此如執朝菌以禦蕭艾，有不碎乎？」而漳州府所用的佛朗機銃，原本是海上擊舟之器，不適合陸戰：「夫以倭寇之猛悍，挾三技之長，無以制之於百步之外，欲與角藝於劍戟之間，元見其難矣。以此觀之，則器械之不利可見也。」

器械不利，固然難與強悍的倭寇作戰，如果真有像李牧、岳飛那樣的良將，倒也不成問題，問題在倭寇之亂爆發五年以來，統帥或去或殺，幾乎已經變成無可用之將的局面：「故曰器械不利，以其卒與敵也，卒不可用，以其將與敵也。然有必勝之將，無必勝之民，使將帥得人如李牧，如馬隆，如岳飛，何患器械之不利、士卒之不精？倭寇作禍於今五年，總制撫鎮之官不為無人，然或去或殺，尚未收盪定之功，豈非將帥未得其人與？」[58]

歸結到最後，在林希元看起來，於今之計，只有使用大船，將這些船分布在前往各主要府城的必經之道上：「以元鄙見，當發大船數十，分布萬安鎮，以塞入興之路；發船數十，分布晉江圍頭，以塞入泉之路；發船數十，分布浯州官澳山後，以塞入同、漳之路。沿海澳分鄉集，如晉江之深滬、東石、安海、南安之營前、石井、菊潯、蓮荷，同安之大嶝、澳頭、劉五店、高崎、馬鑾、坂尾、白礁，令自設備，其空缺去處，令所在居民扦插木柵，以截其登岸之路。」

「元度當今事勢，倭寇五年，直浙殘破，上越淮揚，則江北凋敝，其勢必窺閩，在閩則泉、漳先受其害，不可不預為之防也。預防之策，宜莫過元所畫矣。」59

「元聞：前事，後事之師也。乙卯夏，倭寇一百六十自興化黃石登岸，入駐鎮東海口，巡海分巡、參將等官駐劄福清，募漳、泉打手剿捕，殺死都指揮、指揮、千百戶、武舉三十員，軍民以萬計，不能得其要領，反增二百二十人以去。」「嘉靖二年，流寇九十三人流劫興、泉、漳三郡，莆田鄉士夫女子多被擄掠。虜贄府判、經歷，以金贖回。」60

在非常有信心地表示他所規劃的大船阻道就是最後的對敵策略後，林希元再提醒讀者最近發生的兩則倭寇對漳、泉等地所造成的傷害。但有趣的是，在林提出了他的應敵藍圖後，敘事突然急轉直下，他「大船阻道」的大策略被置之一邊，突然跳出了同安有名的大俠客葉元忠。最後就是靠著葉元忠和他招募的敢死士百人，八面進攻，將倭寇殺得片甲不留，進行剿滅。從此以後，海寇「不敢復犯漳、泉者三十六年」：

刑侍簡一溪先生，時以御史按閩，至泉，延鄉士夫問計。時同安大戶葉元忠以任俠坐死繫府獄，士夫以元忠薦，使殺賊自贖。一溪用之，質其家屬於獄。元忠募敢死士百人，調晉江、南安、永春、安溪、德化、長泰、龍溪合同安七縣精兵，各令掌印官領之，八面合攻。推元忠為前鋒，……由是各軍畏恐，無敢不用命者。追賊至德化小尤中，圍，盡殲之，九十三人無一遺者。惠寇惴恐，不敢復犯漳、泉者三十六年。

今民間任俠豪傑如葉元忠者尚有之。[61]

不過，林希元大可自圓其說，回到他文章前段名將的段落。葉元忠當然是一位當日翻版的李牧、岳飛，而主其事的侍郎簡一溪，也自然是一位有識人之明的傑出統帥！

守土有方

葉元忠因為碰到一個知人善任的地方大員，而得以一展長才。但也有一些統帥自己就是勇猛的戰士和頭腦清晰的決策者。在《鏡山全集》中，何喬遠有兩篇文章讚譽他的朋友沈有容的表現：「方此之時，山寇少矣，當事者眷眷憂海上寇。要以前所言，海外之寇有時，內地之倭無日也。予友寧國沈有容，舊為浯嶼把總。海濱之民皆知其生業出入，貿遷何業，所藏貨物當往何夷市，劇奸捕治之，其次可用為耳目。力使者，籍為兵，彼習知衝犁抵拒之法，見刀刃而不懼，望旗幟、聽金鼓、銃砲色不怖，而又為之利器械、堅船具。有容為把總數年，泉中絕海寇。嗟乎，事在其人哉！雖然，人何容易！」[62]短短幾行，我們就可以看出沈有容在訓練士兵以及準備器械、船具等幾個最基本的要素上，都抓到要領。何喬遠感慨的則和林希元一樣：尋找傑出的軍事人才，是最困難的事。下面這則記敘，則指出一個傑出的軍事領導人在民政上的決策，對剪除倭亂有多大的影響：

嘉禾為嶼山斷而海為之襟帶，自國初以來徙丁壯、實尺籍、長子育孫。今而冠帶邵右往往輩出，生齒若一縣，其地上磽下鹵，率不可田，即田，不足食。民三之一則土人，出船貿粟海上，下至廣而上及浙，蓋船以三百餘間者，縣官之上匱命中貴人監諸省稅，中貴人遣使者四出，固令其稅民貨物毋得及米粟，而使者至嘉禾，詭曰：「中貴人云，米粟不稅，但稅鬻米粟者船。」[63]

「嘉禾」是廈門島的古稱，原本是孤懸海外的一座孤島。但明初以來，移民實邊，食齒日繁，漸漸具有一個縣的規模。可是和福建沿海很多區域一樣，這個地方土地磽薄，土質不佳，不適農耕。大部分的居民靠著出海買賣粟米為生，船隻有三百餘艘。朝廷派遣到各省監督稅務的太監，派使者四出，告訴他們向人民的貨物課稅，但這些稅不包括米粟。可是使者陽奉陰違，最後變成：中貴人說，米粟不課稅，但販賣米粟的船隻則需課稅。

平生慷慨豪舉的沈有容當然看出這個命令中間的問題，他召集群眾告訴他們這樣做的後果。將軍曰：

吾職海上寇耳，何敢闌語國稅事。雖然，比歲海上苦倭寇掠者，寧獨倭好亂，皆我中人誘略彼人來，我中人所為誘略彼人來者，皆坐苦無衣食，利其亡死而銳鬥，挾以為徒黨。[64]

沈有容非常清楚，這些年在海上掠奪東南沿海城鎮的不僅是倭寇。其中大多數，是沈有容所面對的鄉民引誘而至。這些鄉民困坐愁城，苦無衣食，就引誘海上擅於鬥爭，不畏生死的倭寇到陸上進行掠奪。如果真像使者所說的，向三百多艘買賣粟米的船隻課稅，就不會有人願意前來從事粟米的貿易。「粟不至則民益艱食」。而且粟米不像其他貨物有利可圖，「利價不厚而多稅」，沒有衣食的民眾自己不下海，卻挾持海寇從中謀取奸利。結果海寇越來越多，這是誰的責任呢？

今嘉禾一片地耳，稅船則粟不至，粟不至則民益艱食。且夫粟者無所大踴，賤不若他異貨物，可乘時射利持價也。利價不厚而多稅，其船與稅粟米等，民之無衣食不下海，挾徒黨為奸利，則候命於天耳。既也，而海上多寇，誰謂非吾職者謂中貴人聞而使之乎？而中貴人固不聞，即為走檄請命，而中貴人果謂不聞也，亟罷之。於是土人貿粟米者德將軍，群來告余，使文而碑之。65

最後向中貴人查證的結果，說沒有這個命令，一場假設的災難就此消弭於無形。

民眾仍然可以如原先預期地進行粟米買賣，感恩戴德的百姓因此特別向何喬遠求助，請他寫一篇碑文來紀念沈將軍的恩德。

相對於前者以正確的決策，不費一槍一卒就弭平了可能的亂事，下面王太守兢兢業業、全力以赴，而讓賊寇無任何可乘之機，最後受撫歸順的戲劇性情節，讓我們了解到：在幾十年的動亂中，地方文武官員各種不同的策略、做法，有不少都能減緩地方和人民所受的荼毒。這些地方性的差異，大概只有從在地學者的記敘中，才能被保存、考掘出來，因而豐富了我們對這段歷史的了解。

> 方寇之來也，雖在泉海中，顧去郡城尚百有餘里，太守王公晝夜警備，嚴鎖鑰、壯樓櫓、次雉堞、列柵隘、具火器、戒里正，百凡先事無不周密。賊寇知公有備，竟不敢一迹城下，卒之受撫而歸順。方公之警而備也，士民見公有愀然愁然之色，焦然嘵然之慮，以為公之念我民也。率其捜其鯨副公憂勤之意而莫敢逃匿，以至窮陬極澨之民無不襁負奔走，求庇宇下，若曰：「待我民「我不附，則公誰與守？」及其受撫而歸順也，窮陬極澨之民返曰：「待我民如此，其切且至也！」66

不但賊寇最後接受招撫，一般老百姓看到他們父母官的努力和憂心，紛紛放棄逃逸四方的初衷，遠處四方的民眾也紛紛奔至，以表示他們對地方官抗寇的各種作為的支持。

將軍殺敵

嚴密周詳的準備和正確的判斷、決策，固然可以拒敵於千里之外，但面對飄忽不定，隨來隨去的海寇，畢竟不能只靠固守城池就可以徹底解決問題。沈有容進可攻、退可守的能耐，除了充分展露將軍上場殺敵的真本領，也讓我們更能了解到在這個天下大亂的時刻，林希元和何喬遠這些地方鄉紳對將才的期待和關懷。前文粟米船一節，已經讓我們清楚地知道地方民眾和海盜的密切關係，很多時候，甚至是地方衣食無著的民眾勾引海盜在各鄉鎮掠奪。下面的記載，同樣是「內地不逞之氓勾引倭夷」，但戰場則移到海上。為了對付這些遍布寬闊海域的倭寇，負責禦敵的將帥也各自劃分好勢力範圍和負責的區域，和陸地上地方官劃分責任一樣，只要將盜賊趕出自己負責的區域就算責任已了：「比者內地不逞之氓勾引倭夷，竊奪舟余舟皇，寇於海上，急則蛟徙，緩則鯨喬。二三將帥各分汛地，如臠而害而餅已畫，逐出其方隅則已踆踆幸無事。」[67]

但到了冬天，朔風為政，一切聽命於大海，發生了任何殺人越貨的事情，負責分汛的目長，通常是任其自然，絕對不會上報給負責的大員。「至於歲宴隆冬，朔風為政，游汛告休，則聽其與玄海若共息，即其越人於貨，亦不敢聞大吏。」「而今縱橫海上者，七舟也，無人乎閩、廣、溫、台之間，其在閩海上則以東番為窟穴。」七條縱橫海上的夷船，都以東番（台灣）為窟穴。

「東番之夷，裸如鳥獸，射生菁棘中，盜亦時時賊殺之，而夷人以為苦。」東番的原住民，雖然生活得像蠻人一樣，但也不堪海盜的迫害。寧海沈將軍赫然斯怒，覺得現在這種分而治之的做法，好像送禮給小孩子，造成了海盜縱橫的局面。「齒劍語曰：『任盜縱橫，信如割臠而畫餅，我豈禮食而小兒啖耶？』下令其帳下目長曰：『料簡軍眾，備火攻，具器械，持五日糧，從吾之所之。』亦諭之曰：『吾近往耳，聊以懼竊竊邇我分地者。』舟既發，則曰『直抵東番』，諸目長悚然從之。以朔風之政，舟檣䑰䑰波濤間，諸軍茫然相失，將軍意氣自如，一日夜皆集，鼓行而前，出賊不意，將軍露身鋒鏑之交，將士齊作。懼者束手而請降，強者迎鋒而立斃，怒而不與將軍為功者，腰石而沉於滄淵，而數歲之鯨鯢立盡。」[68]

平常互相推諉的諸目長，聽到將軍極端不滿的評論，即使畏懼，還是要在波濤洶湧的冷風中，跟著主帥勉強前行。一行人出其不意地在一日夜順利抵達東番，「將軍露身鋒鏑之交」，顯然讓士氣受到極大鼓舞。海盜或是投降，或是被擊斃，那些憤怒而不願意把戰功讓將軍獨得的死硬派，乾脆在腰間纏上巨石，頃刻間沉到海底，很快地就進入鯨鯢的肚子裡。

「於是，瀕海之人為海賈者，群來告予，請為文賀將軍。予曰：『將軍捕海上賊，職也。上以報國家，下以衛人民，豈區區為若海賈德者。賊之得也，漁人歌於舟，海濱之人歌於途，烽燧游徼之士歌於軍，東番之人快於夷，豈特若海賈德將軍者？』」[69]將軍殲滅海寇，海商紛紛走告何喬遠，請「為文賀將軍」。何喬遠回答道：海上捕賊，是軍人的職責，不只海商覺得是大功德，漁民、濱海居民、軍人，甚至台灣島上的東番夷人，無不稱快高歌。[70]對所有飽受殘害荼毒的泉州居民和商人來說，這個難得的勝利，確實讓他們能暫時擺脫纏繞不去的鬼魂般的陰影，大肆慶祝一番。

在慶功宴上，沈有容半途離席，不願接受眾人加之其身的各種讚譽、推崇，認為這是軍人的天職，但商人還是不放棄任何表達他們感激之情的機會，並且特別指出，由於這場勝利，讓他們可以完全放棄在他們的事業中「殺人越貨」的那個面向：「吾嚮得全吾貨而往來海上者十九，而越於貨者十一，然而心有盜也。今得將軍，而後吾心無盜也。吾向之越於貨也，相與嗔目而怒，而莫之誰何，今得將軍以為我報也。」「將軍長者也，豈復德吾？吾儕小人不能不德將軍。」[71]

沈有容於萬曆七年（一五七九）舉武鄉試，由於在戰場上的卓越表現，《明史》中特別為他立傳。對於萬曆二十九年（一六〇一），沈有容和據守東番的倭人的戰役，《明史》有這樣的記載：

> 二十九年，倭掠諸寨，有容擊敗之；踰月，與銅山把總張萬紀敗倭彭山洋。倭據東番，有容守石湖，謀盡殲之。以二十一舟出海，遇風，存十四舟；過彭湖，與倭遇，格殺數人，縱火沉其六舟，斬首十五級，奪還男婦三百七十餘人。倭遂去東番。海上息肩者十年。捷聞，文武將吏悉敘功，有容賚白金而已。

《明史》此處對沈有容所受的獎賞顯然不甚滿意。幸好在後來的各種戰役中，沈有容的才能、功績總算受到肯定，在天啟元年（一六二一）從副總兵升為都督僉事，充總兵官。[72]

那些寧願自沉海底，也不願給敵人任何好處的海盜，顯然是對既存政治、社會秩序充滿敵視和憤恨之情的化外之民。但這些「漢賊不兩立」的死硬派，顯然不是特例。下面這則為如夫人寫的墓誌銘，簡扼地敘述了這段插曲。墓誌銘的主人張如夫人，嫁給嘉靖時期的名將黎鵬舉為側室。黎家一門全是武將，在泉州是僅見的例子：「吾泉文獻之邦，獨黎氏一門以武顯。黎將軍世官也，有丈夫子五人……耀、炳並為總兵，國輝千戶也。」[73]「將軍諱鵬舉，嘉靖中名將帥，先後建功江南、閩浙間。嘗與賊戰，軍潰，將軍抽手中刀與卒，賊驟至，將軍無空鞘決命，賊群刺之，將軍仆，賊刃將軍頸甲入三寸，賊謂將軍死，就將軍身衈，勿刃，妄棄之去，將軍竟生。事聞於朝，世宗嘉將軍忠勇，賜金幣。閩、浙人呼將軍曰『忠勇將軍』。」[74]

和沈有容的征伐主客易位，黎鵬舉在和群賊奮戰後，軍潰。將軍抽手中刀與卒，用劍鞘和群賊決一死戰。在「賊刃將軍頸甲入三寸」後，眼看著將軍必死無疑，群盜居然戛然而止。原因是黎鵬舉一旦戰亡，就會接受明廷的各種撫恤。就和自沉於海的倭寇一樣，這些盜賊不願他們的敵人生前或死後，接受任何因為他們的舉措而帶來的好處，所以居然停止繼續進攻，「妄棄之去」。而黎鵬舉因此保全了性命，並收到嘉靖皇帝的賞賜。

戰功彪炳的髯將軍

在林希元、何喬遠等人所述及的武人中，大概沒有一個人殺敵和作戰的經驗，可以和李光縉筆下的「髯將軍」王麟相比擬。由於王麟曾任官各地，殺敵無數，所以在這裡我們只擇取一些和泉州等地有關的記敘，來看看東南沿海的衛所軍人，除了參與海上走私貿易外，也有少數像王麟這樣戰績彪炳的將軍。[75]

由於李光縉原文甚長，歷經各種事件，我利用其中一句「有蜚語齮齕公于直指使者，直指論公跋扈，落職去」和《明實錄閩海關係史料》嘉靖三十八年「五月壬申朔」條的記載：「先是，舟山倭遁至舊浯嶼，結劇賊洪澤珍等棲泊海山，水陸分擾。巡撫福建都御史王詢率兵擊敗之，以捷聞；且言：『原任參將充為事官王麟、黎鵬舉、把總指揮魏宗瀚等、緣事署都指揮僉事王夢麒逐剿有功，乞命麟、宗瀚等戴罪殺賊，夢麒付兵部紀錄推用。』從之。」[76]把王麟的事蹟作了一個大致的定位。王麟，別號四一，生長在一個衛所軍人的世家，十六歲時，繼承亡父王鎧指揮使的官銜：

始署衛篆。三年移署鎮海衛篆。歷掌南日、小埕、銅山總司事。是時海寇竊發，出沒剽掠，公造巨艦，精器械，飭水上兵，蚤夜治軍簿至明。間自駕樓船哨望，忽遇賊五六十艘，將校皆失色，覆曰：「此慓賊也，又眾，不如避之。」公橫刀叱曰：「走，某待罪行間，恨不逢賊而殲耳，何言避乎？」遂命進再，鼓噪衝賊，賊大懼，賊一人挾鏢上桅斗牛，彎弓射中其脅，墮死，二人紅裹露雙刃擬公，公連弩殪之。軍是以張，夾擊賊，擒斬李大用之黨吳元謙等二百二十餘人。[77]

王麟的氣魄、勇悍，毫不下於沈有容，一次擒斬兩百多人，確實是戰功彪炳。第二年，海寇哪嗟、胡霖等攻福寧州，王麟督師大戰於流江，破之。隨後，又擊敗兩波賊黨，「前後擒殺三百七十人」。捷報傳到朝廷，「天子賜白金嘉勞」。[78]嘉靖三十六年（一五五七），王麟在廣東任都指揮僉書期間，對瀧猺獞族的叛亂用兵，前後斬殺三千兩百多人，又俘虜了一千多人，平定了亂事。王麟隨即被擢升為浙江杭嘉湖參將，「尋改福興泉漳參將，又改漳泉水陸參將」。官職在短短時間內三度變遷，「以公熟閩事，能保障閩故也」，[79]也多少反映出軍情的緊急。

> 閩承平久，忽中倭，吏民相顧錯愕，公以水陸軍數千與賊角逐，且戰且誘，賊乘汛廣潮突至漳，公抄其後，破之。進擊賊于安平、永寧、崇武，設疑兵應援，襲破之，賊由是潰。
>
> 公追北至同安。賊從同安、長泰遁海上，公率輕師乘戈船邀擊賊，因及賊將巖山老于祥芝、石湖、南潯口，縱伏兵出擊，盡破之，擒山老，鑿沉其舟，洪澤珍之徒各燬巢去。迎擊馬達、法正等二千餘人，破之。
>
> 是時倭擁虜千餘突至海壇登山屯上逕。與把總朱先等夾擊，大破之。賊幾平。有蜚語齮齕公于直指使者，直指論公跋扈，落職去。賊益猖獗，瀕海城堡不守。中丞王公思公，亟上疏言閩事棘，不宜輕去公。公感奮討賊，敗賊于古浪東砟鎮海山，生得亞哩國國王孫上健，健咬舌死，斬獲首甲二百餘，

> 奪捕虜如之。乘勝追擊兩日兩夜，及于湄洲山，破之。七月，親率騎兵尾賊于安南澗埕安溪上坑，悉破之。詔復原職，仍賜金，以參將領南路水軍，大剿月港，斬林雲、張連等七十餘人。[80]

相較於前引《閩書》，「無地非倭」的悲慘狀況，王麟一連串的攻擊行動，結果和《閩書》中的記載，完全顛倒過來：

「三十八年，又大至福建，攻福寧州，不克，攻福安、寧德，破之。福、興、泉、漳，無地非倭矣。」

「三十九年，破永定城，又破寧德縣，殺參將王夢麟、知縣李堯卿。興、泉、漳三郡，賊以外皆為賊藪。」[81]

王麟過關斬將，從漳州一路打到安平、崇武、永定等泉州各縣鎮，再南向一路到月港、古浪，所向披靡，也讓局勢為之扭轉，對地方民眾和明朝政府來說，都是值得銘記的重大功績。三十八年，雖然一度受到流言影響去職，但在福建都御史的大力支持下，旋即復出，乘勝追擊兩天兩夜，在湄洲破賊而返。

在一連串的征伐追擊後，王麟不幸病發，以至於不起：「未幾而公之疾作矣，興疾南討，誓不俱生，隊率整嚴，士鎧笠亡犯。斬林叔濟、李體寬數十賊，誅其黨。賊于是相誡避，呼曰『髯將軍』。公竟不起云。」被敵人稱為「髯將軍」的王麟，「狀貌魁梧，瞠目修髯，身長七尺，勇有氣力，聰慧絕人」，雖然相貌魁梧，卻足智多謀，「雅恂如經生」。[82]

王麟一生打過大小戰役幾百次，「鹵首獲生五千六百有奇」。在李光縉傳奇性的記載中，這位善於騎射的大將軍，一個人在惠安城外勘察地形時，被賊軍團團圍住，在連發幾十箭後，突圍而出：「嘗以單騎按地形，步惠安闉外，賊猝至，環公數匝，公持滿向賊左右射，連中數十鏃，賊稍稍解，公用是潰圍出。」[83]

李光縉身為一代地方名儒，用《閩書》一般的筆法，為王麟這位大有功於閩越的當代良將，留下了詳實的紀錄。但在他的「太史公贊」中，卻對王麟所受到的待遇感到憤憤不平：

> 李光縉曰：「余讀〈李將軍傳〉，傷其不遇時也。漢文帝有言，『如令子當高帝時，萬戶侯豈足道哉？』以王公才氣無雙，當世宗朝，閩越爭于戰攻矣，此豈藏良烹走時耶？王公官不過參戎，將不過褊裨，不一取大將軍印如

斗大，豈命也？夫中山篋使然耳。……今天子苦倭患，拊髀頗、牧，恨不得王公。有王公，又何煩東南顧也。……乃為銘，銘曰：無趙營平之年，而有馬伏波之思。無霍驃騎之寵，而有祭征虜之奇。令鎖北門，胡馬不馳。令障南服，海波安瀾。令錫難老，壯猷允披。令冠上軍，蕩平有奇。雖韜略之未盡展，業已魁其設施。紈綺將種，世受國知。」84

王麟最後以偏將而終，不能一取大將軍印，完全是因為嫉妒誹謗的資料所致。他雖然沒有受到應有的榮寵，但在史家的筆下，能夠「令障南服，海波安瀾」，也足以告慰平生了。

個人經驗

從李光縉等人的記載中，我們知道有很多泉州的地方鄉紳在抗倭入侵時，奮勇抗戰，有不少還付出了慘重的代價，但也為這段歷史，留下了珍貴的資料。在這些記載中，比較特殊的是半生漂泊在異鄉的李贄，因為奔喪，而親身參與了抗倭的行列，並自己敘述了這段經過。

嘉靖三十九年（一五六〇），李贄擢升為南京國子監博士，沒有幾個月，從小教他讀書的父親白齋公過世，他隨即「守制東歸」。[85] 沒想到碰到倭寇大舉入侵，他晝伏夜出，花了六個月才返抵家門：「數月，聞白齋公歿，守制東歸。時倭夷竊肆，海上所在兵燹。居士間關夜行晝伏，餘六月方抵家。抵家又不暇試孝子事，墨衰率其弟若侄，晝夜登陴擊柝為城守備。城下矢石交，米斗斛十千無糴處。居士家口零三十，幾無以自活。」[86] 返家後，李贄無法從容地為父親守制，立刻率領弟弟、侄兒等人，日以繼夜地登上城垛，打擊木梆，為泉州城略盡守備之責。在箭矢交加的攻防戰中，原本就依靠外地輸入的米糧，這時成為一個嚴重的問題。除了價格高漲，有錢買不到的情況，更讓日常生活面臨嚴格的考驗。李贄一家三十幾人，幾乎到了無法生存的地步。

在惡劣的環境中，李贄勉強撐過三年的守喪期，隨即舉家入京，也算是苟全性命的選擇：「三年服闋，盡室入京，蓋庶幾欲以免難云。」[87]

在李贄的現身說法外，林希元在朱紈案後，也用自己母親所受到的侵擾，來說明自己對倭寇的仇恨：

弘治五年（一四九二），海寇秏刦掠無晝夜，所至污蔑婦女，殺人為常。宜人於是年三月初三，夜夢臥房，後牆崩壞，自占必有寇禍，先避之。請先大夫與俱，大夫弗然，不得已因檢其資治輕軟者寄之鄰，獨攜兒女避於鄉鄰。……果有強盜三十，屋後剜洞，遇木格而止。乃明火持杖，攻破大門而入，執男僕十數，友其收租，背捆覆地，急求主人，曰：千金安在？[88]

海寇殺人越貨，不僅不分晝夜，不分男女，也不問城鄉，讓人無所遁逃。

李贄帶著族人守城三年，親身體驗了三餐難以為繼的戰亂生活。但下面這位士紳率眾抵禦倭寇的故事，更富戲劇性。嘉靖朝進士出身，做過僉事的莊方塘，因「直道忤時」，所以罷官退居鄉里，「施德與鄰，鄉人多賴之」。「嘉靖之季，島夷內訌，所過殘滅，直薄郡城下，民爭逃走，城門閉擁不得入，哭聲震天，先生請開門納之，所全活以萬數」。莊方塘「亟白令尹」打開城門，[89]讓上萬的民眾能夠逃出避難，還親自和弟弟莊用晦「募鄉兵三百人，後先殺賊，破四十餘壘」，結果是「賊大恨，剜先生父塚，剖其屍以去」。[90]從其他記載中，我們知道，剖掠地方士紳先人的屍體或靈柩，以為報復或勒贖的手段，似乎是倭寇常用的手法。

莊方塘的反應，似乎比倭寇想像得還要兇悍：「先生及弟徑走賊營奪父屍出，晦竟死賊中。」兩人英勇地從賊營中將父親的屍體搶回來，但弟弟不幸死於賊手。對莊方塘兄弟的貢獻和犧牲，地方官員和莊氏子孫顯然都不願事情就這樣不了了之：「撫臣上先生功，事亦竟寢。會朝鮮用兵，上欲廣勵天下，詔錄斬倭死事者，孝子于是欲上疏請言臣父某、叔某先年擒殺倭有功，叔又死于賊，宜贈與蔭。」[91]官員的奏疏沒有下文。但剛好碰到明朝對朝鮮用兵，朝廷改變態度，「詔錄斬倭死事者」。方塘之子莊鳳章帶著上朝廷的疏文拜會李光縉。萬曆十四年（一五八六），李光縉赴北京參加會試，兩人因此在北京見面。李光縉讀了孝子的文章，當時的感覺一方面「讀而心壯之，然亦未嘗不誚其迂。安得有一介書生而欲叩闕下，言其父若叔四十年前之功，而以覬天子恩澤乎？即吾鄉之薦紳先生宦京師者，亦多沮之」，地方鄉紳做不到的事情，孝子一介書生想要叩見皇帝，實在有些迂腐。

但事情的發展永遠有出乎意料者，這個一介書生的迂腐行為，在沒人看好的情況下，竟然完全達成心願：「孝子默不聽，疏竟入。上允大宗伯、司馬議，孝子果贈其父方塘先生為太僕少卿，而蔭其叔之子世百戶。人以是多稱孝子孝云。」[92]

李光縉對這件戲劇性事件的曲折發展，作了相當合理的論述：「嗟乎！先生之起兵殺賊，亦不忍坐視其鄉之人肝腦塗地，而為此以紓閭里之難耳，初何計有身後之贈？而先生之弟所謂寧死無悔，亦痛其父之暴骸骨于中野，而以為不共戴天之讐，故誓不與賊俱生也，亦何知有死後之蔭？其贈與蔭，乃孝子欲借是以沐天子之寵，起其父若叔于地下而顏色之，而未必其生前不言功之本情也。」[93]莊方塘、用晦起兵殺賊，英勇奪回父親屍體的行動，剛開始時完全沒有任何功利的計算和動機，完全是行其所當為。然而在平常的情境下，對這樣的行為給予和接受獎賞，也是人的本性。

李光縉同一時間，先後寫了兩篇文章，在〈忠孝殊恩論〉中，他分析為何同一件事，在嘉靖朝，鄉紳要求旌表而沒有下文，到萬曆朝，靠著莊孝子一篇奏疏，就達成了多年來的目的，事實和每個時期的大環境和需求有別有關：「李生光縉曰：公之勳偉矣！公於國則忠，於家則孝，顧不以是時亟旌公，及今朝而始褒予，何以故？大底世宗之末，閩粵多壘，南苦倭久矣。謀臣蝟集，猛將群起，無不爭首級捕虜者。於斯之時，不患無功，而患有功。故主上慎予之。……及今承平，遼左失敗，北患虜急矣。……於斯之時，不患冒功而患無功。故主上亟予之，以為不如是則無以厲力戰死綏之志。」[94]在萬曆朝「遼左失敗，北患虜急」的大環境下，如何重新喚起文臣武將「力戰死綏之志」，就成為朝廷的一大考驗。莊方塘兄弟的事蹟，就成為一個值得表彰的樣板。

下面這則鄉紳先人靈柩被海寇搶走勒贖的故事，雖然沒有刀光劍影，但情節也相當曲折。故事的主人翁之一同安傅封公珙生於成化年間，由於出生時，父親年紀已老，所以傅珙「不辭勞筋力，服賈為養，時時轉販稻米漳、泉間，時其貴賤為往來，不多取人直，有多直輒舉還之」，[95]做的是相當典型的買賣稻米的生意。和我們在第三章會敘述到的許多商人一樣，傅珙還是一個典型的「儒商」：「了晰經史，尤好《通鑒》書，能舉其首尾。」他和原配太孺人劉氏生下一子傅鎮，嘉靖十一年（一五三二）進士，被選為南京御史後，「揚歷藩臬，進南操江右都御史，皆以清節著聞」。[96]中丞公傅鎮曾經幫他的生母劉氏督造了一座獨特的墳塚，「穿土立石門可啟視，曰：『使鎮也春秋祭掃，得從檲旁拊吾母，猶吾母在也。』」表現了對母親的思慕。但墓成後：「會嘉靖之季海寇作亂，詗知傅氏塚石可穿，撞門取太孺人柩去。泛之海上，大索傅氏金而後返之。」[97]

這時，傅鎮已經謝世，傅珙的繼室陳孺人育有一子傅鑰，年約二十，「急括家中貲，僅三十金，裝一長橐，裹金橐口，而下實磚石，以懸諸門，謾言曰：『此百二十金，有能奪還吾家柩者與之。』人踴躍城下，既不可奪，寇載太彌人柩以船，遠之海中」。[98]傅鑰雖然急中生智，搜括了家中僅有的錢財三十金，向城下民眾謊稱裡面有金一百二十兩，但最後誰也無法將靈柩奪回，只能任由海寇載著靈柩揚長而去。最後還是由少年老成的傅鑰出來召集所有兄長的兒子，帶著所有家財，勉強將陳孺人的遺體要回來。但這個戲劇性的過程，讓傅氏家族「危懼者累歲，故封侍御公與劉太孺人在殯者四十年」。四十年停棺不敢下葬，可見打擊之大。

長壽的封侍御傅珙在嘉靖四十一年（一五六二），以八十七歲的高齡謝世。傅鑰的母親陳孺人，則在萬曆二十七年（一五九九），九十四歲時過世。第二年，傅鑰總算可以將久殯不葬的傅封公、太孺人劉氏和自己母親陳孺人的遺體，復土重封，並請自己的老師李見羅寫碑銘，好友何喬遠寫行狀。何喬遠在行狀的最後，為這個士紳家族的成就和遺緒，作了簡扼的定論：「中丞公德善功勞在國家，予祭予葬，其睹記在士大夫。鑰善為詩，好游名山川，交諸公間，而與喬遠善，最後乃有志聖人之道，受學見羅先生之門。故喬遠也，敢一言為之先，俾鑰持而詣先生請銘焉。」[99]

傅鎮、傅鑰這個官紳、儒士家族的歷史，因為何喬遠這位大學者和史家的記敘，而得以傳之於世。但下述這位年輕的王孝子的故事，如果不是因為李光縉的特殊史觀，大概也就與草木同枯：「王孝子，惠之崇武人。余未嘗至其地，接其為人，但從吾平江母家耳孝子聲，心內慕之矣。」「葉令絅齋先生為政。吾渭陽江龍川公令善客，與令言。『孝子年十三，從父之郡南安行賈。倭亂，父被擄去。孝子身自投賊壘，請代父死。賊感其孝，俱釋之。』葉令聞而大異，親造廬請見，延之閣中，教以茅容烹雞供母食之孝，蓋進之于道云。孝子遂大寤。人重葉令，因以重孝子。匹夫而能致縣官之尊，為不世盛事，眾庶榮而慕之，孝子之聲益著。」[100]

從這裡的敘述我們知道，李光縉和王孝子素昧平生，整個故事，也是他從朋友渭陽江龍川那裡聽來。縣令葉絅齋聽了江龍川的敘述後，親自造訪孝子家中，並請到縣衙，教他更多和孝道有關的事宜。十三歲的孝子和父親到南安做生意，不幸碰到倭亂，父親被倭寇虜去。到此為止，這還是一個倭亂中不斷發生的小插曲。但倭寇被孝子的孝心感動而將他被虜的父親釋放，則是少見的「盜亦有道」

案例。而縣令親自跑到一個小孩子家裡拜訪，則是讓孝子的名聲廣為傳播的關鍵。

李光縉不僅沒有見過孝子，當他記載這段故事時，已經是五十多年後。萬曆末年他參與陽思謙、黃鳳翔等人編纂《萬曆泉州府志》時，李光縉說服黃鳳翔將王孝子的事蹟寫入方志，固然和他的史觀有極大的關係，也牽涉到讓人動容的個人私情：「余四歲孤，無父可侍，當筆〈孝子傳〉輒慘然生悲，泚然汗下，幾乎廢斯管矣，惡乎敘之？」[101]

在講述到自己的史觀時，他對黃鳳翔說：「余請于宗伯曰：『太史公作《史記》，尼父列于〈世家〉，伯夷首乎〈列傳〉，非終身布衣耶？下至刺客、俠士、賈客、日者，一節一行之奇皆不茀廢，安在其耑黼黻富貴人為也！草莽閭閻，豈盡無賢？』宗伯問是誰，余以王孝子對。宗伯異其孝，使傳之。〈傳〉出余筆，列之詳矣。」[102]以《史記》為楷模，李光縉和何喬遠的《閩書》、《鏡山全集》一樣，讓我們對晚明泉州日常生活的各個面向，有了鮮活的了解。

〈開洋海議〉

何喬遠在萬曆朝中葉後，辭官歸里，過了二十多年著述、講學的生活。光宗朝（一六二〇），又再度應詔，在晚年短暫地參與了朝政。崇禎二年（一六二九），何喬遠被起用為南京工部右侍郎，[103]他就用這個名義，寫了一篇〈請開海禁疏〉。崇禎三年，離開南都前，他又寫了一篇〈開洋海議〉。這兩篇互補的文章，是他在這個議題上最完整的晚年定論；前一年寫的〈海上小議〉一文，是他參與招撫鄭芝龍的歷史性任務後，處心積慮地說服朝廷設法從海洋稅中，撥出一筆錢充作鄭芝龍和其部隊的糧餉。我們在此先討論前面兩篇文章，最後再回來看鄭芝龍的問題。

〈請開海禁疏〉一文，首先讓我們對萬曆初年原本開放的海洋政策，因為紅毛番帶來的亂象而重趨嚴格的背景，作了一個交代：

南京工部右侍郎臣何喬遠，為乞開海洋之禁，以安民裕國事：臣備員南署，節閱邸報，見有閩中開洋之議。祇誦明旨，未見詳奏。臣閩人也，敢言海事。竊見閩地窄狹，田疇不廣，又無水道可通舟楫，上吳越間為商賈。止有販海一路，可以資生。萬曆間開洋市於漳州府海澄縣之月港，一年得稅二萬餘兩，以充閩中兵餉。無所不足，至乎末年海上久安，武備廢弛，遂致盜賊縱橫，劫掠船貨。兼以紅毛一番，時來逼奪，當事者遂有寸板不許下海之令，至以入告，而海禁嚴矣。104

何喬遠上此疏文的原因，是從邸報中知道朝廷中有開放福建海禁的討論，於是把握難得的機會，向登基不久的崇禎皇帝再一次強調販海對福建人的重要。疏文中也透露萬曆中寬鬆的海洋政策，讓政府能夠徵收到充沛的財源，作為福建的軍餉。但諷刺的是，海上的長期安定，導致武備的廢弛，再加上荷蘭人的侵略性策略，致使海禁的再度嚴格化。這段從開海到再度禁海的過程，在〈開洋海議〉一疏的開頭，重新被引述作為文章理論的基礎，讓何喬遠重申開放海洋對福建人和明朝廷的重要性。

政策既然走了回頭路，結果引發的當然是我們熟悉的老問題：

然海濱民眾多生理無路，兼以天時旱澇不常，饑饉洊臻，有司不能安撫存恤，致其窮苦益甚，入海從盜。其始尚依一二亡命為之酋長，既而嘯聚漸繁，羽翼日盛。海禁一嚴，無所得食，則轉掠海濱。海濱男婦束手受刃，子女銀物盡為所有，而蕭條慘傷之狀，有不可勝言者矣。

這次海寇唯一，也是最不同於以往之處，在鄭芝龍這個大頭目的接受招撫。鄭芝龍在何喬遠等人的勸說下接受招撫，打開了一個新的局面，也給了何喬遠一個機會，上疏皇帝，請求把握時機，重開海禁：「自鄭芝龍招撫之後，頗留心為我保護地方。近者海氛稍靖，此政開洋之一會也。失今不行，海濱之民無所得食，勢必復為盜。」105

接下來，何喬遠仔細敘述了開海洋、通商貨的利益：

臣請言開洋之利。蓋海外之夷，有大西洋，有東洋。大西洋則暹邏、柬埔寨、順化、哩摩諸國道，其國產蘇木、胡椒、犀角、象齒、沉檀、片腦諸貨物，是皆我中國所需。東洋則呂宋，其夷佛郎機也。其國有銀山出銀，夷人鑄作銀錢，獨盛我中國。人若往販大西洋，則以其所產貨物相抵，若販呂宋，則單是得其銀錢而已。是兩夷人者，皆好服用中國綾緞雜繒。其土不蠶，惟借中國之絲為用。湖絲到彼，亦自能織精好段匹，蹔鑾如花如鱗，服之以為華好。是以中國湖絲百斤，值銀百兩者，至彼悉得價可二三百兩。而江西之瓷器，臣福建之糖品、果品諸物，皆所嗜好。佛郎機之夷雖名慧巧，顧百工技藝皆不如我中國人。我人有挾一技以往者，雖徒手，無所不得食。是佛郎機之夷代為中國養百姓者也。[106]

從這段有趣而鮮活的描述中，我們知道不管是東南亞的大西洋人，還是占據呂宋的西班牙人，都喜好中國的絲綢，原來在中國值銀百兩的百斤湖絲，賣到這些地方，立刻獲利兩、三倍，可說是巨大的利益。有趣的是看起來不怎麼起眼的福建糖品，也是夷人們的愛好。西班牙人雖然號稱慧巧，但「百工技藝」都不如中國人，所以有大量徒手空拳的福建人前往呂宋謀生。也許是為了用來說服皇帝，所以何喬遠一派輕鬆地說：「是佛郎機之夷代為中國養百姓者也。」

何喬遠對紅毛番的態度、評價，雖然不及佛郎機，但即使經過雙方的兵戎相向，他認為這些番人「獰頑」，但始終相信這些人最大的特色是「惟利是嗜」和「講求信義」。在利益的大前提下，其實和他們做生意最為有利可圖，而且值得信賴：

此東、西二洋之夷，多永樂間太監鄭和先後招徠入貢之夷，恭謹信順，與北虜狡悍不同。至若紅毛番一種，其夷名加留巴，其國去呂宋稍遠，向歲羨佛郎機市我得利，強我人鬻販彼中，我人憚其險遠，而佛郎機亦惡其爭彼貨物，教我人絕之，而紅毛番始為難於海上矣。要其人獰頑，惟利是嗜，不畏死而已，而其信義顓一之性，初未嘗負我錢物，且至其國者，大率一倍獲數十倍之利。曩雖被我大創，顧未嘗我怨，至今往來我近海地不絕也。

海禁日趨嚴格之後，台灣的鷄籠、淡水成為走私貿易最佳的天堂，何喬遠在〈開洋海議〉一文中，有更詳細的描述。他在這裡特別強調海禁一開，受惠的不僅是福建人，沿海各省的商人也隨之受益，政府的稅收，自然就會超過原有的「二萬餘」：

自我海禁既嚴，泉州、彭湖之外，有地名臺灣者，故與我中國不屬，而夷人亦區脫之於是。紅毛番入據其地，我姦民為接濟，而佛郎機見我禁海，亦時時私至鷄籠、淡水之地，我民姦闌出物，官府曾不得其一錢之用，而利盡

> 歸於姦民矣。夫與其利歸姦民，而官府不得一錢之用，則孰若明開之，使上下均益，而姦民亦有所容乎！
>
> 今天下人民日眾，圖生日多，若洋禁一開，不但閩人得所衣食，即浙、直之絲客，江西之陶人，與諸他方各以其土物往者，當莫可算。……如是，則四方之民並獲生計。[107]
>
> 且往者既多，積漸加稅，度且不止二萬餘。但可充閩中兵餉而已。臣見中國之財，天產地毛，悉以輸東、西二北邊之用，其款虜者一出，而不復返。天生大利在海外之國，而一切閉絕之，但見有出孔無入孔，使姦民竊竊自肥，而良民坐受其困，殊為可惜。[108]

何喬遠感慨政府為了應付東北和西北的軍事需用，已經竭盡所有的稅源。但海外這個最大的財庫，卻棄而不聞，結果國家的財政是有出無進，東南沿海的人民也只能坐困愁城。

何喬遠的一片報國忠心，最後卻被崇禎皇帝以「海禁已有旨了」打了回票。

年邁體衰的何喬遠，歷經挫折之後，再度提出告老還鄉的乞求，皇帝倒是很快地同意了他的請求。

在這篇疏文中，何喬遠動之以情，說之以理，最後只得到皇帝一句回應：「奉聖旨：海禁已有旨了。該部知道。」[109]對年盡垂暮的何喬遠來說，最後的經世濟民方案，被這樣輕易地打發掉，心中的挫折不難想像。在《鏡山全集》中，〈請開海禁疏〉一文後，接著就是〈乞休致疏〉，顯然也是有意的安排。

崇禎三年，離開南都前，他又寫了一篇〈開洋海議〉。文章的一開頭，就直指核心，將讀者帶到他們已經非常熟悉的「海者，閩人之田」這鋼鐵般的現實，以及海禁之不可行。其次，則闡述明政府的禁海政策，最後收益最多的都是各地來的夷人，政府則平白喪失了大筆的稅收。接下來，何喬遠提出一套簡單可行的課稅辦法，以便明朝政府和人民都能獲得最大的利益。最後，則回到當時商人無所不在的盛況和現實。「竊謂海者，閩人之田也。閩地狹窄，又無河道可通舟楫以貿遷江、浙、兩京間，惟有販海一路是其生業。」「至嘉靖初年，柯副使喬殺入販夷人，朱巡撫紈大嚴海禁，申明大辟，然二公之身，皆以不免，海之不能禁明矣。」[110]

到萬曆初年，明朝開始收洋稅於漳州海澄縣，其時收稅共得十三萬餘金，「人民安樂，軍餉饒足，此一時也」。呂宋人樸質，一個中型的柑桔售一銀錢，「他物類此，不可枚數」。但好景不長，雙方在初期共蒙其利的狀況，很快就被狡詐的中國奸商打破。更麻煩的是，遠道而來的紅毛番荷蘭人，也開始覬覦中國和東南亞這塊市場：「侵尋晚末，我人奸詭，夷亦自開慧識，無此狼藉。」「至於紅夷作梗，劫奪于貨，以致盜賊旁挺。官府以聞朝廷，遂絕開洋之稅，欲使奸民無所得為盜。於是盜不得於海上，而轉熾於海濱矣。」[111]

接下來，何喬遠以極長的篇幅，描述荷蘭人如何擊退對手，打算獨占對中國的貿易：

> 紅夷與呂宋皆西洋之夷也，紅夷本國名加留巴，呂宋本國則佛郎機也。兩國地形相直海中，紅夷舊不知與中國為市，及見呂宋與中國交易得利，亦欲強我載貨其國。我人生怕，不敢與通。而紅夷強牽我船至其國中，於是呂宋不得貿易，互相讎怨，謂我人此是歹夷，此是窮夷，教我絕之。紅夷無所得利，又劫奪我貨於海中矣。其實紅夷顓悍重信，不怕死而已，而其意只圖貿

易，別無他念。蓋自萬曆甲辰歲求通，彼時稅監高寀欲許之，而其時臣子方與稅使為難，漳南道沈公一中首使把總沈有容好卻之。[112]

從這段和接下來的記載中，我們看到被稱為紅夷的荷蘭人，原本不知道可以和中國貿易，等到看到占據呂宋的西班牙人與中國交易得利後，也開始強迫中國人載貨到台灣，然後以台灣為重要的轉口基地，把中國貨物運到歐洲和日本。漳、泉等地的商人都不敢與通。但荷蘭人用強迫的手段，非把中國貨船牽到台灣不可。呂宋的貿易受到極大的影響，雙方反目成仇。事實上，和何喬遠有密切交往的張燮（一五七四－一六四〇）[113]在其名著《東西洋考》之〈紅毛番〉下，一開頭就說到：「紅毛番自稱和蘭國，與佛郎機鄰壤，自古不通中華。其人深毛長鼻，毛髮皆赤，故呼紅毛番云。」然後提到荷蘭雖然勢力強大，但因為中國險遠，所以想利用呂宋和中國進行轉口貿易。卻被各國紛紛拒絕：「佛郎機據呂宋而市香山，和蘭心慕之，因駕巨艦橫行爪哇、大泥之間，築土庫，為屯聚處所。竟以中國險遠，垂涎近地。嘗抵呂宋，呂宋拒不納。又之香山，為澳夷所逐，歸而狼卜累年矣。」「萬曆二十九年冬，大舶頓至濠鏡。……諸夷在澳者，尋共守之，不許登陸，始去。」[114]接著，張燮詳細記載了萬曆三十二年（一六〇四），荷蘭人用重金三萬為高寀做壽，打算利用高的關係和漳州的一些奸商，和中國直接貿易，被沈有容用實際的分析和兵威恐嚇，掛帆而返的經過。[115]

荷蘭人的船隊在萬曆二十三年（一五九五）和二十五年，兩次成功抵達印尼後，就開始加速向東方擴張的步伐。萬曆三十二年在漳州商人的帶領下，他們的艦隊抵達中國，從此就開始和中國、西班牙以及葡萄牙展開拉鋸戰。一六一九年，他們把東印度公司的總部從萬丹搬到巴達維亞，並擊敗了也企圖把勢力伸進南洋的英國艦隊，從此開始和英國合作，多次攔擊葡萄牙的船隻，以及中國商人和西班牙進行貿易的船隻，劫掠滿船的貨物，運往台灣。[116]一六二二年，他們在福建和廣東沿海大肆搶掠和捕捉中國人。到一六二三年，他們一共抓獲了一千四百人左右，全部帶到澎湖，建造城堡，然後運往巴達維亞賣掉。[117]何喬遠所說的「我人生怕，不敢與通」、「紅夷無所得利，又劫奪我貨於海中矣」，指的應該就是這段複雜的歷史。

何喬遠說：「其實紅夷顓悍重信，不怕死而已，而其意只圖貿易，別無他念。」和他對日本人奸詐的嚴厲批評，形成鮮明的對比。張燮也讚美荷蘭人的慷慨，認為他們是做生意的好對象：「商舶未有抵其地者。特暹羅、爪哇、渤泥之間與相互市。彼國既富，裹蹏華夷，貨有當意者，輒厚償之，不甚較直。故貨為紅夷所售，則價驟涌。」[118]

不過既然中國人都以紅夷為賊，深惡痛絕，荷蘭只好另謀出路，而在台灣發展出一個重要的據點，靠著中國奸民的協助接濟，獲取極大的利益，並使中國政府蒙受極大的損失：「及於近歲屢欲求市，我以為賊，痛絕之。撫臺南公至於大創獻俘，而彼尚愍不畏死，一心通市，據在臺灣，時時闖入中左，與鄭芝龍為唇齒之交矣。」「臺灣者，其地在彭湖島外，於夷人無所屬，而我亦以為海外區脫，不問也。今則紅夷入據其處，其地廣衍高腴，可比中國一大縣。我中國窮民俱就其處結茅刈菅，苫蓋家室，而奸民將中國貨物接濟之，於是洋稅之利不歸官府，而悉私之於奸民矣。」[119]何喬遠生長在地狹土瘠的泉州，所以特別對台灣的「廣衍高腴」留下深刻的印象。但問題是這個三不管的海外孤島，現在變成走私貿易的免稅天堂。

呂宋和佛郎機看到荷蘭人的先例，再加上西班牙國王賞罰分明的政策，所以一個一個來到鷄籠、淡水：「呂宋見我不開洋稅，亦來海外鷄籠、淡水之地，私與我貿易。奸民又接濟之如紅夷，而洋稅之利，又不歸官府，而悉私之於奸民矣。夫以中國稅額大利悉閉絕以與奸民，此舛之大者也。」

利之所在，讓鷄籠、淡水很快就成為漳、泉人民和夷人的重要轉口港：

> 鷄籠、淡水之地，一日夜可至臺灣。臺灣之地，兩日兩夜可至漳、泉內港。而呂宋夷百物、百工，悉藉於我，其來鷄籠、淡水，我等百工如做鞋、箍桶之類，凡可以備物用者，皆至其處，又可無往返之勞。此又小民糊口一生路，亦我小民所視幸而不可得者也。此皆據今日呂宋、紅夷二夷入我近地而論，此所謂東洋者也。[120]

鷄籠、淡水之所以對夷人和漳、泉兩地民眾具有特別的吸引力，是安全又地近。民眾不必遠歷重洋，冒著海上的風浪、匪寇和官府的追捕，兩日夜的時間，就可以抵達「廣衍高腴，可比中國一大縣」的大島上，很快地完成貨物的交易。

在講述完了東洋諸夷和台灣、中國的貿易後，何喬遠接著簡介了西洋各國和中國的轉口貿易，其中和前文最大的不同，是提到中國和日本商人的轉口貿易：

此外尚有暹邏、柬埔寨、廣南、順化以及日本倭所謂西洋也。……日本國法所禁，無人敢通，然悉奸闌出物私往交趾諸處，日本轉手販鬻，實則與中國貿易矣。而其國有銀名長錡，別無地物，我人得其長錡銀以歸，將至中國，則鑿沉其舟，負銀而趨。……要之，總有利存焉。而比者日本之人亦雜住臺灣之中，以私貿易，我亦不能禁。此東洋之大略也。[121]

特別值得指出的是日本。由於中國不允許人民和日本貿易，表面上，無人敢公然與之通商；但私底下，那些犯禁走私的民眾卻前往越南等地，和日本人交易。所以在何喬遠看起來，日本人實際上就是在和中國做生意。中國民眾販賣了各種貨物，然後取得日本的長崎銀回國。在將到之際，把船鑿沉海底，自己背著回來。日本輸入的白銀，是晚明商品經濟化的一個重要來源。現在我們知道，這些銀兩進口的管道之一，就是中國的走私者經過越南，自己帶回來的。

在詳盡地論述了各國與中國貿易獲利，中國人卻坐失巨額稅收的狀況後，何喬遠接著提出一套類似鹽引的簡單辦法，以便向各國徵收能為中國控制的稅賦：「今日開洋之議，愚見以為舊在呂宋者，大販則給引於呂宋，小販則令給引於鷄籠、淡水。在紅夷者，則給引於臺灣省，得奸民接濟，使利歸於我，則使泉州一海防同知主之。其東洋諸夷及大販呂宋，則仍給引於大販呂宋，則仍給引於漳州，使漳州一海防同知主之。興販大通，生活有路，賊盜鮮少，此中國之大利也。」[122]不管是大販呂宋還是往來於漳、泉與鷄籠、淡水的小販，都給予執照，由泉州和漳州海防同知負責其事。這樣政府既可以像萬曆初年那樣，收到大筆的稅收，夷人和中國民眾也可以放心地做生意，賊盜的問題自然解決。這當然是開海禁的大利所在。

有趣的是，在洋洋灑灑地講完他開海洋的議論後，何喬遠還忍不住把從商和科舉作了一個對比。反映在他的心裡，經商和士人讀書應舉，是泉州人生命中兩個最重要的抉擇：

> 竊因而論之：開洋之家，十人九敗，其得成家者，十之一二耳。而人爭趨之者何也？此譬如吾輩讀書能得科第者有幾？其不遇者，至於窮老無以為活。皆云書之誤人，然而人人皆喜讀書者，以其有科第在前也。
>
> 今興販之人亦有遇盜、喪其資斧，亦有喪身波濤，以飽魚鱉，然而甘之者

何？以有成家十之一二者可幾幸也，而又可以苟且度日。

把科舉讀書和海上興販等而論之，固然反映了泉州文化和日常生活的特色，也顯示了何喬遠這位開明的大儒對海上貿易的重視。何喬遠顯然對行商的風險有確切的了解，不過和下文並而觀之，其實都是用來對開海主張的利弊得失所作的辯解：

其在國家，以爵祿縻天下之士，使其童烏以至白首，鑽研於功名之途，一生不暇休廢，至其不遇，則亦已老矣。而小民被其設財役貧，亦可苟且度日，此亦所以銷海上奸民之一議也。

且夫盜賊而橫行海上，不過劫取一二船貨，殺傷數人之命而已。而開洋概絕，盜賊狼子野心，無所得劫掠，仍來登岸焚略劫殺，子女、銀幣，悉為所有，則其為禍轉烈，而為患轉大矣。[123]

這段周折的辯解，第一個最簡單有趣的論點是，如果一般老百姓和讀書人一樣，一輩子被一個遙遠的理想吸引，汲汲營營一生，就不會有時間到海上作亂犯奸了。第二個重要的論點是，即使開海之後海上的商販偶爾被劫掠，但長遠看來，其實損失不大。但一旦海禁嚴格執行，海盜在海上無所收穫，必定登岸燒殺擄掠，那個禍患就難以收拾了。

在分析了禁止夷人往來貿易，只會造成國家財政的損失，以及開洋之後，分地課稅的大方向後，最後再回到他念茲在茲的漳、泉人民身上：

> 海上洋禁百凡猶可，而漳、泉之郡地狹人稠，不仰粟於東廣則不得食。彼無所掠，則將買粟之船盡數取去，而吾民之饔飧困矣。又如泉州須紙於延平，須酒於建州之類，諸物不敢下船，一從陸地駝挑，而百物之雜用困矣。行賈者，天下之大利也，今天下之人無所不行賈。賈於吳越為盛，吳越之人利莫大於湖絲，而夷人所欲亦莫大此。……又如江西瓷器亦彼所好。是洋稅一開，其為商賈之利甚廣且遠，所以生天下之民人也。124

海禁只會讓漳、泉人民，連最基本的糧食都成問題。海禁一開，不僅讓人民衣食無缺，國家稅收源源不絕，人民也隨之受益。

鄭芝龍

一般的記載中，都認為鄭芝龍在萬曆三十二年（一六〇四），出生在泉州南安縣的石井鄉，但也有學者認為他出生在萬曆二十三年（一五九五）。[125] 萬曆三十八年（一六一〇），他前往澳門謀生。隨後，又到了呂宋。一六一二年左右，他離開呂宋，到了日本平戶，因緣際會地認識了擁有強大海上武裝力量的李旦，並受到他的提拔，加入了李旦集團。[126]

而荷蘭人在一六二四年被強迫離開澎湖後，轉往大員，開始加強掠奪前往馬尼拉的中國商船。鄭芝龍也隨之帶著李旦和顏思齊的帆船，加入了這個掠奪的行列。一六二五年，他背叛李旦，將李旦交給他的一艘滿載著貨物和白銀的船隻吞沒。天啟六年（一六二六），他趁著福建大旱，率眾返回老家一帶招兵買馬，並開始攻打廈門、金門等地。由於福建官兵進剿失利，中國官方開始與荷蘭聯手對付鄭芝龍，卻無法改變情勢。鄭芝龍的聲勢大漲，沿岸民眾更是爭相投靠。他打著劫富濟貧的旗號，搶劫商船、民船，並以得到的米粟吸引了數萬徒眾。[127]

也就是在這個時候，福建當局先後對他進行了兩次招撫。第一次在一六二六年，他開始進攻福建後不久，但因為沒有任何實質的官爵授與，所以被鄭芝龍兄弟拒絕。[128]第二次招撫在崇禎元年（一六二八），《明實錄》「崇禎元年」條對此有非常詳細的描寫：「〔夏六月壬子〕，初，海寇鄭芝龍先從海賊顏櫆泉；櫆泉死，遂有其眾。天啟末，乘閩饑，益招致多人，攻廣東海豐嵌頭村，既得而復棄之；仍入閩，圖中左所。然而不殺不焚，頗有悔罪之意。興泉道鄧良知因遣其鄉人李瑞、陳凝、陳瑤往撫之，又命芝龍母舅黃夢龍剖析利害；芝龍遂於正月十八日就中左所受撫，餘眾漸行解散。」

鄭芝龍一月在廈門接受招撫後，福建巡撫朱一馮等上疏崇禎接受鄭芝龍的投降，七月獲得朝廷的批可：「納海寇鄭芝龍降，芝龍稱兵海上，頗禁淫殺；不攻城堡、不害敗將，人多言其求撫之心頗真。至是，撫臣以請，帝諭兵部曰：『鄭芝龍聚眾弄兵，情罪深重。據奏斂眾乞降，縛送夥黨陳芝經輸情悔罪，尚有可原。……念此海濱蠢聚多迫饑寒，塗衅鋒鏑，亦屬可憫！姑准撫臣朱一馮……等奏，給與札付，立功自續；舟中脅從，盡令解散；海上渠魁，責令擒殺。』」[129]鄭芝龍不殺不焚、不攻城堡、不害敗將，充分顯示他的悔罪之意，明廷順水推舟，解決了開海以後的心頭大患。

鄭芝龍的接受招撫，他的同鄉、親戚固然都扮演了重要的媒合作用，何喬遠的參與，也是重要的關鍵。事實上，何喬遠不但參與了招撫鄭芝龍的歷史性事件，在招撫降而復叛的李魁奇的過程中，也扮演了關鍵的角色。

從何喬遠寫給鄭芝龍的信中，我們知道兩個人其實一直有書信往來，鄭芝龍雖然有接受招撫的意願，但對和他接觸的鄉紳和官府官僚的誠意，則猶心存疑慮。何喬遠則再三向他保證鄉紳的誠意和真心，並把他擔心的「鄉紳門幹害人」和他自己無法完全約束的千萬黨羽相提並論，讓他很容易地理解問題的所在：

久聞足下奇男子也，茲又善作善收，非豪傑智士，其孰能然？凡足下諸情，已具在當路與吾輩諸鄉紳中，不徒多贅，但在左右尚有萬餘人，不審是否？足下有一片慦懷，不肯妄殺荼毒鄉里，則人人知之矣，但既有萬餘人，安肯盡體足下之心？或有求飽暖口體者，或有求財貨者，此其勢非殺掠搶奪，惡能得之？

譬如足下每書來，輒歸鄉紳門幹害人。鄉紳俱是守分安坐，門幹害人何以知之？足下今日徒眾如此之多，俱是窮民頑民，逃兵逃罪，甘言好語，歸順足下，為海上大王，足下亦樂有其名而順受之耳。此正如鄉紳門幹害人，而鄉紳不知也。

門幹害人，就和鄭芝龍手下上萬黨羽的作為類似。何喬遠非常坦白地指出，這些擁海上大王以自肥的黨羽，「俱是窮民頑民，逃兵逃罪」，這些人肯充當鄭氏黨羽的目的，「或有求飽暖口體者，或有求財貨者，此其勢非殺掠搶奪，惡能得之」？

在何喬遠的分析中，問題和解決之道其實很簡單：鄭芝龍必須趁著荷包尚滿，資源充足時，立即用一些銀兩，把絕大多數的人遣散回家，只留下一千多人，為朝廷效命：「吾為足下計，既有一片歸順之心，更無反背之理。吾當道鄉紳，既有真心，更必無欺詐之謀。足下此時囊橐尚滿，何不略散些銀，付其還家，以為新春維新之計量？留千餘人立功候命，則人口甚寡，所費不多，海邊之人亦得寧靜。」不然，等到坐吃山空，再要禁止這些人殺掠搶奪，就不可能了。「如此則不義之名歸之足下，猶宦幹害人而不義之名歸之鄉紳也。」

在這封短而有力的文章結尾，何喬遠對鄭的起義來歸，充滿了信心和祝福：「世間有奇男子，心中切切一見。若來歸之日，定有時也。菩薩三尊引意。臘月廿四日，鏡山老人具。」[130]

從何喬遠門人的記敘和其他相關資料，我們看到何喬遠在招撫鄭芝龍和他手下的叛將李魁奇的過程中，所扮演的積極角色。首先，在上崇禎帝的一封疏文中，他提到自己在招安鄭芝龍兄弟的過程中所扮演的角色，[131]在推薦了這幾位主要角色後，他懇請皇帝幫忙解決他們的糧餉問題。事實上，這邊疏文的主題是何喬遠對滿人侵占遼東的局勢分析和建議，在文章的最後一段才順便提到鄭的問題。疏文一開頭，就說他已經七十三歲，但承蒙皇帝的恩典，重新起用他。他雖然原已退居山林，但念及國家有急難，所以披瀝陳辭，表達他的耿耿忠心。在鄭芝龍這一段，他這麼說：「又臣本貫海賊鄭芝龍、芝虎輩，皆臣招安，彼時必藉臣一言為信。臣臨行時，鄭芝龍語臣，欲自備火器，領人二千，皆平日手下驍健者，前來為皇上殺賊，求臣薦舉以聞。至芝虎，年二十有二，見賊輒跳越，不知死命，賊中號為『妄二』，謂其排次第二而狂妄敢死也。以及鍾斌之徒，彼皆平日習慣殺人，了無怖畏。且有倭刀、角甲可以深入。臣謂宋臣岳飛用湖湘群盜立功，亦是此義。」[132]

在這封上呈皇帝的正式文書中，何喬遠說鄭芝龍兄弟是由他招安，自然不可能是捏造之辭。而鄭芝龍會委託他出面協調，當然知道他是一位受人尊重的大學者，又具有中央官員的身分，在關鍵時刻可以取信於朝廷。由此處的敘述，我們才知道鄭芝龍還希望透過他的薦舉，為朝廷所任用。而何喬遠不僅不負所託，向皇帝鄭重而直白地推薦三人，還念茲在茲地再次提到兵餉的問題：「但彼一路無餉，儻皇上欲用之，必有以處之，此臣敬誦為皇上治兵之一助者也。」這位七旬老人的謹瀝微忠疏，難得地獲得崇禎的嘉勉：「奉聖旨：何喬遠聞警趨任，條奏兵餉機宜，具見老成體國。該部知道。」[133]

清代撰寫閩中理學史的學者，顯然也接受了何喬遠的陳述，將之寫入何喬遠的傳記中：

> 戊辰、己巳（崇禎元年至二年）間，鄭芝龍肆氛海上。喬遠開誠約束，欣然就撫。李魁奇再叛，獨言：「招我，非何侍郎不可。」喬遠毅然親至中座，慷慨曉諭以禍福。弭耳不敢動，收回巨艦利器，當事因掃平之。[134]

何的門人在長篇的〈行略〉中，不止一次提到這段晚明歷史和何喬遠晚年的重大歷史事件：「開誠喻芝龍，約束以不殺不淫，欣然就撫。」「海盜李魁奇『獨言』欲招我，非何爺不可。」「於是兵備道蔡公率群縣躬詣鏡山，求一再撫之」「師毅然躬至同安，慷慨曉諭，……立散賊黨八千人，收回巨艦利器，俛首就戎索。」[135]下面的記載，對這一段歷史有更生動而戲劇性的描述：

是冬海寇猖獗，郡城危急，計無所出。鄭芝龍故有意歸命朝廷，且素聞師清望。流言芝龍潛兵入城，惟鏡山前後十里勿動，諸大姓名從師求，依舍傍席地為命。師於除夜登埤，親編垛子，凡單戶窶儒俱不苦以役，而開誠諭芝龍，約束以不殺不淫，欣然就撫。

李魁奇蓄疑再叛，以釋憾芝龍為辭，焚掠海濱，諸所鎮軍民守禦月餘。時濱海諸郡兵餉單竭，城中權再為撫散之計。魁奇益咆哮，獨言「欲招我，非何爺不可」。於是兵備道蔡公率郡縣躬詣鏡山，求一再撫之。師念數百萬生靈方在塗炭之中，鄉縉紳亦合請師一出為芝龍、魁奇解鬥，以無禍赤子。

親交私相沮師，恐見羈留。師毅然躬至同安，慷慨曉諭，譬以禍福，激以忠義，偕行者曾武部霖寰，李孝廉焻，立散賊黨八千人，收回巨艦利器，挽首就戎索。後當事遂得運其密籌，一剿收功。136

這段增添了更多細節的敘事，更突顯了何喬遠在招撫過程中扮演的角色。如「流言芝龍潛兵入城，惟鏡山前後十里勿動」，充分反映出鄭芝龍對何喬遠的尊重。李魁奇原是鄭芝龍的部將，因為彼此間的嫌隙，降而後叛，並「焚掠海濱」，對地方構成極大的威脅。地方士紳計劃再度招撫遣散，但李魁奇咆哮道：「欲招我，非何爺不可。」由各種資料配合來看，非常符合李魁奇的性格和口氣。一方面，兵備道和地方鄉紳都希望年邁的何喬遠再度出馬，另一方面，他的至親門生卻擔心他自投羅網，被李魁奇羈留。最後何成果豐碩地完成使命。

雖然說成功地完成了招撫的關鍵工作，但畢生以國家大局和地方福祉為己任的何喬遠，卻總覺得兵餉的問題不解決，鄭芝龍的招撫就始終無法落實。在崇禎二年（一六二九）寫的〈海上小議〉一文中，他提出了種種設想，來說明兵餉之急和解決之道。文章一開頭的幾句話：「天下之事，當於未然圖將然；謀天下之事，當於無計求為計。」最能反映他作為一個「老成體國」者的性格，以及這種性格在鄭芝龍兵餉問題上的反映：「今海上鄭芝龍之功不待言矣；芝龍無餉，我無以處之，亦不待言矣。顧處餉之方，未有能出於海洋稅之外者，唯在變而通之耳。」

所以說來說去，唯一的解決之道就是開海禁、徵洋稅。而現在徵收不到洋稅的原因，就在政府無法處理走私的問題，任憑漳、泉沿海的船民，走私到鷄籠、淡水和西班牙人及荷蘭人貿易：「凡洋稅，於海澄縣給引發船，此故事也。自海寇為梗，人多不往呂宋興販。顧興販在也，緣呂宋酋長因我貨不往彼，來就鷄籠、淡水築城貿易，而紅夷亦住台灣，與我私互市。顧皆奸民奸闌接濟，是我不得收稅者，不得收海澄縣之稅耳。而鷄籠、淡水、台灣諸處稅獨不可嚴奸闌之禁，必令給引乃發乎。丈利歸奸民而上不得一分之用，此所謂舛也。」[137]

變通之道，在將原來在海澄設關收稅的做法，改在廈門的中左所，並令熟悉走私販生態的鄭芝龍負責當地的海防：「愚見以當請於朝，將海澄之稅移在中左所，而我以海防官管之外，則使芝龍發兵巡邏，私販之人，治以重罪。彼素知其窟穴而習夫風濤，必不至漏網，則昔日海澄之餉，今在中左，此仍舊之道也。」如果朝廷不此之圖，仍然聽令鄭芝龍用自己的錢解決自己的軍餉問題，那等於仍然把他當成海盜。而且自己出錢為公家辦事，那也真是「豈有此理」：「夫芝龍歸心於我，為我守護，萬耳萬目所共睹，而海上之民倚為捍禦。若令其自出餉軍，則是我意彼舊日作賊，財帛尚多，既貰其罪，當出為我用，則我尚以盜心處之矣！令彼自出財力為公家幹事，世上亦無此差事。」

何喬遠還殫盡竭慮地設想出多種可能的情況，試圖說服朝廷正視糧餉的問題，真可謂一片苦心孤詣，也完全對得起鄭芝龍對他的信任和期望：

> 亦當年芝龍財帛雖多，亦有罄盡之日。彼雖不敢再叛，捨之而去，別居海島上自為田橫，此時海寇復來擾我邊鄙，以此思餉，則餉當急矣。又念去年春，軍帥棄鎮逃竄，漳、泉禍在燃眉，以此思餉，則餉當急矣。又思海運不通，米粟翔貴，百貨騰踊，人民艱窘死亡，無可輸納錢糧，以此思餉，則餉當急矣。又假如李芝奇作反，芝龍被殺，海事無人料理，彼來作炒，以此思餉，則餉當急矣。[138]

第三章　商業

本書的四位主角在論及商業時，雖然有會通之處，但每個人都有自己的風格和關懷重點，所以我將依次討論每個人的觀點，最後再簡述他們的共同點。

李贄的重商思想

李贄的家族中，商人眾多，有些甚至是兼營國內外貿易的大商人。所以他的重商，似乎是理所當然。在〈又與焦弱侯〉文中，他簡要地從反面的角度表達他對商人的支持：「且商賈亦何可鄙之有？挾數萬之貲，經風濤之險，受辱于關吏，忍詬于市易，辛勤萬狀，所挾者重，所得者末。然必交結于卿大夫之門，然後可以收其利而遠其害，安能傲然而坐于公卿大夫之上哉？」[1]和其他幾位同鄉學者處處將商人與儒生並列相反，李贄以他一貫批評孔孟的精神，藉著商人來批評孔孟和程朱理學家的虛偽和表裡不一。

在這篇文章的一開頭，李贄就藉著讚美鄭玄文章「質實有恥」，以及「不肯講學，亦可喜，故喜之」，借題發揮，批評當時那些口談道德而心存高官，志在巨富者的虛偽可恥：「不講雖是過，然使學者恥而不講，以為周、程、張、朱卒如是而止，則今之講周、程、張、朱者可誅也。彼以為周、程、張、朱者皆口談道德而心存高官，志在巨富；既已得高官巨富矣，仍講道德，說仁義自若也；又從而嘵嘵然語人曰：『我欲厲俗而風世。』彼謂敗俗傷世者，莫甚于講周、程、張、朱者也，是以亦不信。」[2]李贄在這裡假借鄭玄，批評那些已經得到高官巨富的理學家是「敗俗傷世」。

更進一步，李贄把聖人和山人相提並論，批評這些心存商賈，而口談道德的偽君子：

> 由此觀之，今之所謂聖人者，其與今之所謂山人者一也，特有幸不幸之異耳。幸而能詩，則自稱曰山人；不幸而不能詩，則辭卻山人而以聖人名。幸而能講良知，則自稱曰聖人；不幸而不能講良知，則謝卻聖人而以山人稱。展轉反覆，以欺世獲利。名為山人而心同商賈，口談道德而志在穿窬。夫名山人而心商賈，既已可鄙矣，乃反掩抽豐而顯嵩、少，謂人可得而欺焉，尤可鄙也！[3]

聖人和山人的唯一差別，在於能否寫詩、講學，但「展轉反覆」，都是在「欺世獲利」。自稱山人而心存商賈，已經是可卑的做法；明明在撈錢獲利，還要假裝說自己志在一遊嵩山、少室，更是可卑至極。李贄在批評聖人和山人可鄙之至的同時，卻把全心全意做生意的商賈推到「何可鄙之有」的高峰，讓他的論斷迥異於其他幾位泉州的學者。

李贄對道學家講學的痛恨，根本原因，在於他認為每個人都有每個人的天賦、才具，不能用儒家的一個標準來衡量並強迫：「夫天生一人，自有一人之用，不待取答于孔子而后足也。」「若必待取足于孔子，則千古以前無孔子，終不得為人乎？」在李贄看來，孔子其實從來沒有「以孔子教人學」，然而聖人在上，萬物得所，「夫天下之人得所也久矣，所以不得所者，貪暴者擾之，而『仁者』害之也」。世人原來都在自己的崗位上活得好好的，儒家的「仁者」一出，世界因此大亂。[4]

物之不齊，物之性也。最好的辦法，是製造一個政治社會環境，讓每個人能將自己的特性發揮到極致。李贄在此，已經在用左派王學的學說，來批判原始儒家和程朱理學：

夫天下之民物眾矣，若必欲其皆如吾之條理，則天地亦且不能。是故寒能折膠，而不能折朝市之人；熱能伏金，而不能伏競奔之子。何也？富貴利達所以厚吾天生之五官，其勢然也。是故聖人順之，順之則安之矣。是故貪財者與之以祿，趨勢者與之以爵，強有力者與之以權，能者稱事而官，偄者夾持而使。有德者隆之虛位，但取具瞻；高才者處以重任，不問出入。各從所好，各騁所長，無一人之不中用。何其事之易也？[5]

在李贄看起來，事情其實非常簡單，就是讓每個人發揮他的本性，滿足他的欲望。富貴利達能讓我們天生的官能更富厚，這也是人性所趨，聖人應該順其勢而行，如果一定要用一個「仁」字來干預，結果是「有德禮以格其心，有政刑以縶其四體，而人始大失所矣」。[6]

這種讓人民發揮各自的本性和欲望的說法，李贄在其他地方，用泰州學派「聖凡平等」的平等觀念出發，說得更清楚透澈：「舜好問已矣，而又好察；好察是矣，而所察者又是其極邇之言。……唯是街談巷議，俚言野語，至鄙至俗，極淺極近。上人所不道，君子所不樂聞者，而舜獨好察之。以故民隱無不聞，情偽無不燭，民之所好，民之所惡，皆曉然洞徹。是民之中，所謂善也。夫善言即在乎邇言之中。」[7]用舜作依託，李贄指出街談巷議、至鄙至俗的村夫野語，就是近在咫尺的「邇言」，善言則在「邇言」之中。而所謂善惡其實再簡單不過，民之所好就是善，民之所惡就是惡。

這個論點，李贄在另一篇文章中，有更具體的發揮：「自耕稼陶漁，無非取諸人者。」「居深山之中，木石居而鹿豕游，而所聞皆善言，所見皆善行也。」「就此百姓日用處提撕一番。如好貨，如好色，如勤學，如進取，如多積金寶，如多買田宅為子孫謀，博求風水為兒孫福蔭，凡世間一切治生產業等事，皆其所共好而共習，共知而共言者，是真邇言也。」[8]相對於宋明理學存天理、去人欲的主張，李贄所謂好貨、好色、積金寶，多買田宅為子孫謀，博求風水為兒孫福蔭以及世間一切治生產業等，都是一般民眾一生致力追求的夢想，但商人無疑最有可能實踐。

林希元筆下的商人

林希元對商賈的描述中，比較特殊的是他曾經在仕途中幫助過的一個商人，一直對林在關鍵時刻伸出援手，讓他不致面臨資產被騙一空，妻子流離失所的下場而心懷感激。中間他一度到林在欽州的任所表示謝意，大概因為謝禮太過豐厚而被林拒絕。這次林希元罷歸故里後，這位叫饒一貫的商人，又不遠千里，帶著簡單的幾件禮物登門致謝：「癸卯端陽前一日，齋寂寥中，忽報廣人見訪至。廣，舊宦地也，聞之喜。」9

啟門迎之，無冠無蓋，非仕非儒，持潮絹三端，檳榔、欖仁各一封，密煎一器。問其姓名，曰饒一貫。問其籍，曰江西撫州府臨川。問其藝業，曰商賈。問其所來，曰：「昔貨楮廣中，土人負予，貲為傾。嘉靖已丑（八年，一五二九），我公督學，持牒上訴，蒙責償所負，家沿復振。今妻孥弗至失所者，我公之力也。往公居欽州，嘗因過價求謝，公不可，於心終不忘也。今公致政家居，念舊恩未報，心終弗寧，故不遠千里足重門致謝，盡吾心焉耳矣。」予聽其言，始知其人與其故，為之嘉歎不已。

對林希元來說，居官為政，幫人民伸張正義、追求利益原來就是他的責任，沒有什麼特別值得宣揚的。這個商人經過十五年，還耿耿於懷、念念不忘，確實讓他有些感動：「一貫行貨廣中，予以官司用紙，經紀欺負傾貲，憐而為之理，亦人上之當然。當日初不以為恩，其事已過，亦旋忘之。歲月其邁，今十五年矣，而一貫乃獨以為恩終其身，既因舍人致謝不可，今又不遠二千里而至，曾不以盛衰、顯晦二其心焉，此豈平生意望之所及？亦豈人間易得之事哉？」[10]特別在他幾經貶謫，目睹了人情冷暖和世態炎涼後，這個商人還不遠千里而來，探望他這個已經沒有什麼利用價值的退職官紳，格外讓他感慨不已，還用西漢成帝時丞相翟方進的故事，作了一段文章：

> 昔翟方進為廷尉，賓客填門，及退，門外可張雀羅。後復為廷尉，欲往，方進署其門曰：「一死一生，迺知交情；一貴一賤，交情迺見。」……彼其失位而去，復位而來，炎涼異態，宜為翟公之所薄。一貫一賈人耳，素不知書，予以官司治事之公，非若翟公之施恩於其客也，而一貫乃不忘舊恩，越十五年，歷二千里而遠來，使翟公之客聞之，豈不厚愧？遂禮而遣之。[11]

務農致富

和別的記載中，泉州商人多半經營跨區或海外貿易的例子不同，林希元講了兩個致力農業耕作而致富的商人的故事。第一個處士黃軫，生於弘治七年（一四九四），卒於嘉靖二十一年（一五四二）。他生長的時代正好是明代中晚期，商品經濟開始蓬勃發展之際，農產品也紛紛進入更廣大的市場，成為商品的一部分。黃軫的田地顯然是位於翠壺、紫帽山下的山坡地，土壤肥沃，水泉灌溉，永遠不會碰到乾旱的問題，可說是天賜良田。在這個基本的原因之外，是黃氏能夠帶著一批數量可觀的童僕，終歲辛勤、不畏勞苦地種植了各種經濟作物、水果，甚至還有禽魚乃至麞鹿等山產。即使在山區碰到老虎、豹子等猛獸，也絕不退讓。這種全力的投入和多角化的經營，顯然也是他們能夠發家的重要原因。

古人有言：「居官致卿相，居家致千金。」此布衣之極。予嘗博觀今古，……有力耕遠服賈者，終身窮窶，而堆金積玉，乃出於椎埋屠狗之輩。……有如守其真而獲其獲，脩其人而獲於天，豈不俊偉卓絕稱丈夫也與？若吾同處士質庵黃君，其人矣。

君世家長興之坑柄，其地直縣之東北，去縣治二十五里而近。其山自翠壺、紫帽翔舞而來，如車載馬馳，象蹲而牛飲也。其田迂直鱗次，土膏豐潤，水泉灌溉，天時不能旱也。其物產桑麻之衣，竹木之材，薑芋、蕈笋、芹蘋之蔬，丹荔、碧眼、黃彈之果，柘糖、蜂蜜之甘，禽魚、麞鹿之鮮，被及四方，歲時不斷也。[12]

他們把處理過的桑麻之衣、竹木之材和各種水果、菜蔬、柘糖和山珍海味，販售到各地，終年不斷，並且「世專其利」，終於成為長興巨族。這塊世代經營的天賜良田，在黃軫的父親手中，獲利降低。但「君善治生，督僮僕耕種樹藝，晝夜汲汲冒風露，觸犯虎豹無畏懼，履林麓，窮陵谷，歷溝澗阪池井塍不為勞；終歲勤動，不數年，起大家」，財富又數倍於前人，成為同安少數的富室。[13]

黃軫雖然成為地方的巨富，但生性節儉、低調，過著和一般農民一樣的生活：「然性儉約，不事華美，布衣蔬食淡如也。每雜處耕夫笠叟間，人莫辨為質庵者。安常守分，不作非為。」「家無外事，惟饑則食，渴則飲，倦則睡，覺則起。」這種固守土地，用勞力換取財富的做法，和當地的有錢人完全不同：「同之富室固有足踰君者矣，然或得之非義，或得之非望，君子有遺議焉，弗貴也。君之一緡一粒，咸出汗力，疇孰議之？」所以得到林希元這位程朱理學大家的高度讚譽：「予所謂『守其真，獲其獲，盡其人，獲於天』，君非其人與？信乎俊偉卓絕，可稱丈夫矣！」[14]

在文章的最後，林希元以略帶誇張和激動的口氣，寫下了下列的銘文：「銘曰：為富而仁，曷異陽虎？富而無事，曷不堯似？曰惟夫子，胸蟠太古。舉世如公，刑罰可措。沒葬名山，鬼神衛護。胡為其然？善人之墓。」[15]

另一位同樣靠田地致富的許晟，則已經有了儒商的風貌。請林希元寫這篇墓誌的是許晟的兒子，做過同安縣令的許元夫。許元夫在做縣令時，打擊豪強，頗有政聲，卻遭到構陷去職：「元夫為吾同善擊豪猾，嚴自持，方大有振，忽被構去，予惜之未已也。」嘉靖十四年（一五三五），因為上疏言遼左事，被貶謫到廣西欽州的林希元，顯然對同樣遭到貶官的許元夫有更多的同情和惋惜。[16]

許晟生於正統三年（一四三八），卒於正德元年（一五〇六），也加入了商品經濟蓬勃發展的行列。他雖然行事直率，「面折不容人過」，而被鄉里中人稱為「許直道」，但卻事親至孝，「居父母喪，哀毀甚，痛號為嗄。哀至，猶附膺頓足，人不忍見聞」。這樣一個個性豪爽耿直的人，對親情的重視甚過錢財：「父產惟伯氏所取，己甚薄，略弗較，『兄弟難得，田地易耳』。」大部分的田產被伯父拿去後，他另起爐灶：「乃力自植，躬勤儉，奉身布衣蔬食，不為華靡。營治生業，窮日矻矻勤動不少休，遂致贏裕，數十倍前人。」[17]

可是一旦家族的故業被豪強吞食，他卻據理力爭到底，終於和伯父一起爭回這些產業：「有故業沒於巨豪，訟莫復，憤曰：『先業遏失？』與伯氏訟於朝，卒復之。居家樹藝，蔬果魚畜，凡百經用，咸有法則。祭祀賓客，歲時問遺，往來無失禮。闔門男女長幼，下及僮婢，規防畢至，內外肅如也。」顯然，許晟和黃軫一樣，都蓄養了大批的僮僕，協助農事，並同樣採用多角化經營經濟作物的策略。

許晟和黃軫一樣，都是務農致富，但兩人的個性、氣質卻迥然有別。黃軫是一個少見的例子，在成為富人後，生活、作息卻簡約規律地和一般農民毫無二致。許晟卻是一位典型的文人、士大夫，「頗涉文墨」。「元夫知書，即命專業。

語之曰：『人貴學問，然非勤罔功，若勉之！』遣游鄉校，專厥志，家務一不以累，迄用有成。」可以說，許元夫日後的成就，都是父親一心栽培的結果。許晟除了頗涉文墨，也「素嗜畫，常臨名人墨跡，時自鑑賞。元夫慕，間竊取玩」。當許晟發現兒子也和自己一樣，開始舞文弄墨後，立刻把這些書畫全部焚毀，並責備兒子：「無墮乃業邪！」自己也從此斷絕了這方面的嗜好。這樣的作風，難怪會贏得地方士紳的讚譽：「匪特身教，其克己足稱也。儒紳尤加敬禮。」也難怪許晟在走上仕途後，對父親感念不已，一定要請一位知名的大儒協助，將父親的聲名顯揚於世，成就其不朽：「仁不穀，仕弗揚親，若得名言以託不朽，不穀容也。」[18]

值得一提的是這位靠樹藝致富的處士，還有著更超出一般文人的多面才華：「善鼓琴弈棋，龜卜、《火珠林易》尤著，抱策決疑者接武而至。嘗遇羽士，得導引之術，養生諸書靡不精熟。善談論，雖素負者，亦為屈。好為詩詞，不求工，惟取適意。喜飲酒，酣輒擊賞長歌，愉愉如也。」[19]這樣快樂適性的儒商，實在少見。

在林希元的記載中，不知為何以農作致富的例子最多。另外一位叫洪彬的處士，同樣靠樹藝致富。但洪彬的命運顯然和許晟不同。許晟雖然頗涉文墨書畫，但從來沒有往科舉之路發展的計畫。洪彬則不同，「生而穎敏，深沉有思。少習舉子業，將成」，卻被他的父親阻止。在這個少見的例子中，洪彬因為父親反對他走上仕途，只好「輟其所為，事家人業，力樹藝。躬節儉，厚積薄費，營運孜孜，無少懈縱，遂致充裕，十倍前人」。

洪彬生涯中，另外一個比較特殊之處，是晚年為了躲避嘉靖時的倭寇之亂，移居到泉州府城，在住宅的西區建了一座庭園，「庭植名花無數品，時賞玩以自適。世味紛華，人間寵辱得喪，一不入其心」。[20]這是我們在泉州的資料中，少見的關於園林的記載。

官商之間

在林希元所提到的幾位商人中，鍾睿的經歷無疑是最豐富而特殊的。「公生有異質，七歲而孤，一弟一妹，皆在襁褓。值寇亂，居民奔命入城。其家去城遠，母戴貧，鮮僕，懷負二孤，曳公以行。公艱行屢踣，母泣，公強作能步狀以安母心。」這麼懂事的小孩，難怪會讓大家同情、誇讚：「人憐其異常兒。」稍微長大後，鍾睿每次聽到叔祖的講論，都若有所契，「叔祖奇之，授以課業而日求進，自不能已」。[21]

鍾睿雖然少穎異，但科舉之路卻極不順暢：「年十七應鄉試，累試不第。年四十四，始領弘治壬子鄉薦。再試禮部，不利。以祖母年高，乃就銓選，得如皋教諭。如皋道遠，難迎養，分俸歸養。」一直到弘治五年（一四九二），四十四歲時，才通過鄉薦，但仍然沒有通過進士考試。後來出任蘇北如皋縣——冒辟疆的家鄉——的教諭。由於如皋離泉州太遠，他無法親自奉養年邁的祖母，只好拿出薪俸的一部分回家。

鍾睿在還未踏上仕途之前，為了養育孤苦無依的祖母，只好尊奉曾祖父的命令，忍痛放棄舉業，改行到遠處做生意：「始公未第，祖母養無資，曾大父雙瞽，責令改業糊口。公重違命，乃買舟遠服賈，辭業師林球造士，流涕道故，林為感動，贈以言，有『天人交勝，美玉棄遺』之歎。」他的業師知道原委後，感慨萬千，也只得放棄這塊美玉。鍾睿遠行經商，良久不見成效，加上祖母孀居，不願長期遠離，決定返鄉，「貨鹽於邑之南頭。嚴冬烈日，率徒步三百里以為常，雖行路，亦口誦不直，有買臣之風」。為了奉養祖母，鍾睿真是用「入世苦行」的功夫，做起鹽販。但一邊賣鹽，一邊仍不忘口誦經義，最後居然吸引了一大批從游的學生：「所著經子時義，艱得紙，恒搜敝牘背書，積成卷軼，人憐淡苦。朋輩見其藝業精深入理，咸屈服，以所學就正。後進聞風，相率從游者日益眾。」[22]

鍾睿的人生經歷，到此已經是戲劇性十足，但他卻不以此為滿：「然猶未忘貨殖事，歲擇餘月日而并力理之。」在遭人質疑時，鍾睿還滔滔不絕地回答道：「祖父嚴命不敢違，況學先治生，亦前賢所教，吾何避？」學者需先學會治生，在晚明是相當普遍的看法，但像鍾睿這樣付諸實行的還很少見。就像前述幾位業農致富的商人一樣，鍾睿的刻苦勤勞，讓他累積了豐厚的財富，得以「畢弟妹婚嫁，送祖父母終」。

在成功地扮演了商人的角色後，鍾睿仍然沒有忘記自己的士大夫和官員的本分。「課子姪每至夜分，所作時業，惟指摘瑕疵，不與刪改。」理由是：「文與時異，以人殊，當陶鎔變化，不欲局乃氣格也。」這種尊重個人特質的教學方式，和我們想像的當時一般時文的寫作、教學方式，可說是別具一格。在如皋九年任內，他致力講學，尊重地方人士在風水上的意見，並重新修復鄉先賢的祠堂，因而受到高度的讚揚：「如皋人才落寞，公在任九年，以身為教，講論無間寒暑，咸以道義啟發諸生，人才遂振，有馬紳輩，其傑出者。邑故有河旋繞學宮，為居民湮塞，堪輿家忌之。公疏當道，疏之。胡安定，故如皋海陵人，學旁有祠，後其地屬泰州，祠廢，公疏於當道復之，由是信義孚於上下。」[23]

鍾睿的第三個兒子雲瑞和林希元同年舉進士，又同時在南京大理寺為官。本來自己已經在父親的墓穴上寫下了父親的生平，又擔心父親的德行泯沒無聞，所以特別請求林希元為父親寫了墓表。林希元一方面記載了上述鍾睿戲劇性的一生，一方面又感慨他這樣的才能，不能充分發揮。他一方面用高明華麗的文筆讚美了鍾睿：「予考公生平言行，奇偉卓絕，雖古豪傑之士，殆不能過。惜位不滿德，其志鬱而不伸，其平生之美揜而不著，故表而出之，以示當世。」一方面，又頗具說服力地讚美了他的同儕林雲瑞：「予聞，負異常之質者，其所樹立必有以過人，不在其身，必在其子孫。公七歲而有異常之行，稍長而聞父師之教，其天資可謂異常矣。其未遇也，服賈養親而不廢業；其既遇也，以身為教而善作人。其所樹立固已過人，使其大遇，必能震耀宇宙，乃止於學官，不能展其萬一，寧不重可恨歟？然季子、長孫連登甲第，歷官中外，衣紫腰金。雲瑞以《詩》魁嶺南，與予同舉進士，同官大理。予與長官爭論刑名，被斥逐，黃山恥不與，求同貶斥，時論高之。……行不諧俗，見幾而作，全身全節，尤人所難。」[24]林雲瑞顯然和林希元一樣，敢於忤逆權貴，所以和林一樣，起起落落，但終能全身而退。在這篇足以傳世的誌文中，我們不但看到一個特殊的泉州士紳世家，並看到鍾睿這樣一位奇偉卓絕的儒商那豐富飽滿、與眾不同的一生。

《鏡山全集》

研究明清社會經濟史的著名學者傅衣淩，一九八一年在〈明代泉州安平商人史料輯補〉一文中，特別引用並稱讚了李光縉《景璧集》與何喬遠在《鏡山全集》和《閩書》中，對安平商人的記敘：「四十年代末，我為論述明代福建的海商，始知泉州的安平商人，亦是當時東南大賈之一，其勢力足與徽州商人相匹敵。拙著《明清時代商人與商業資本》一書，曾略述其梗概。」[25]不過由於文獻不足，當時僅能簡略地觸及。一九七九年到了美國普林斯頓大學，在葛思德圖書館中，找到李光縉和何喬遠的作品，節取其中有關安平商人的記載，排比成文發表。在文章的一開頭，他特別提到何喬遠的貢獻：「明人論及當時中國的富商大賈，江南則推新安，江北則稱山西，而安平則少有人談論之者。」而何喬遠在《鏡山全集》

卷四十八中寫的〈壽顏母序〉第一節中提到安平商人的記事，和他在《閩書》中的論述：「安平一鎮盡海頭，經商行賈力于徽歙，入海而貿夷，差強貲用。」[26]互相配合，是第一個提出安平商人在明代商業史上地位的人，他並以安平一鎮的社會風習與徽歙一郡有極相類似之處，為我們編寫明代經濟史提供有用的資料。[27]

〈番薯頌〉

何喬遠對安平商人的論述，我們下面還會討論，首先讓我們看看下面這則有趣卻事關重大的〈番薯頌〉：

> 度閩海而南，有呂宋國。國度海而西為西洋，多產金銀，行銀如中國行錢。西洋諸國金銀皆轉載於此以通商，故閩人多賈呂宋焉。其國有朱薯，被野連山而是，不待種植，夷人率取食之其莖，葉蔓生如瓜蔞，黃精、山藥；……其皮薄而朱，可去皮食，亦可屬食之。可熟食，亦可生食，亦可釀為酒。……夷人雖蔓生不訾省，然吝而不與中國人。中國人截取其蔓，只許挾小蓋中以來，於是入吾閩十餘年矣。其蔓雖萎，翦插種之下地，數日即

榮，故可挾而來也。其初入吾閩時，值吾閩饑，得是而人足一歲。其種也，不與五穀爭地，凡瘠鹵沙崗，皆可以長。糞治之則加大。天雨根益奮滿，即大旱不糞治，亦不失徑寸圍。泉人弼之，斤不直一錢，二斤而可飽矣。於是耄者童孺行道鬻乞之人，皆可以食。饑焉得充，多焉而不傷，下至鷄犬皆食之。[28]

呂宋對中國的重要性，至此益發突出。除了和中國貿易往來，並提供了晚明商品經濟發展最需要的白銀。到十六世紀中葉前後，番薯的引進，又為一般人民提供了一種簡單易得，到處可以種植的日常食品。街上行乞的老少童孺，也更容易得到所需的食物。饑荒時則變得更為重要。

在接下來的頌辭中，何喬遠特別提到對江北的人民來說，在饑荒時只能吃草木的噩夢，總算因為番薯而得到緩解。在看到當地「粱肉之家」對番薯的驚駭與輕賤，何喬遠以一種略帶誇張而真誠的文筆，寫下他對番薯的最高禮讚：「於是，何子掘而出之，浴之清泉，薦之潔鼎，乘之陶匏，沃以濁酒，而為之歌曰：……令朱薯而如玉山之禾、瑤池之桃，人以之為不死之藥。」[29]為了進一步表示對這個新進物種的重視，何喬遠又把這篇文章收在《閩書》中，並加上年代：「萬曆中，閩人得之外國，瘠土沙礫之地皆可以種，用以支歲，有益貧下。予嘗作〈番薯頌〉，可以知其概也。」[30]

這篇〈番薯頌〉應該是第一篇對番薯引入中國後，它的特質、長處和在特定區域所帶來的效益，作了全面描述的文獻。現代學者固然對番薯、馬鈴薯引入中國的過程和貢獻作了全面性的研究，何喬遠的文章則提供了一個最佳切入點和個案介紹。

何炳棣是第一位對這個重要課題作了開拓性研究的學者，[31]全漢昇則在何炳棣的基礎上，作了更詳細的引申。全的研究有兩個重點，值得特別標舉出來：第一，他用了明末崇禎十年（一六三七），宋應星對中國人民糧食的生產與消費的估計，指出稻米在當時中國消費的糧食中要占到百分之七十，番薯與玉蜀黍並未提及。較早的李時珍也說：「玉蜀黍種出西土，種者亦罕。」全漢昇因此結論道：「可見就當日全國糧食的生產與消費來說，番薯與玉蜀黍所占的地位並不怎麼重要。」一直要到十七世紀後半至十九世紀初，隨著全國人口的激增，糧食需要的增大，番薯與玉蜀黍的種植才越來越普遍，從而成為全國多數人民賴以生存的重要糧食。[32]何喬遠對番薯的高度禮讚似乎和晚一個世代的宋應星（一五八七—一六六六）以及早一個世代的李時珍都不同。這些差異，其實正突顯了何喬遠的個案描述的珍貴。我們必須再次正視泉州是一個可耕地嚴重不足的區域，以致當地人民必須以海為生，稻米則從鄰近的廣東或浙江輸入。對這一個稻米必須仰仗外地輸入的地區來說，可以在「瘠土沙礫之地」即種即食的番薯，重要性自然不同，特別是在饑荒頻繁發生的時候。

全氏此文的第二個重點，是番薯的引進者及傳播的過程。根據全的描述，大約在十六世紀中葉前後，福建長樂縣商人陳振龍，到菲律賓的呂宋去做買賣，於歸途中把番薯的品種帶回本縣種植。其後到了一五九四年，當福建發生饑荒的時候，陳振龍的兒子陳經綸，把收成的番薯獻給福建巡撫金學曾，並說明栽種番薯的益處。金氏便勸人民廣為種植，以劑饑荒。

此外，他又引用了清初周亮工（一六一二—一六七二）《閩小記》的說法：「番薯，萬曆年（一五七三—一六二〇）中得之外國，瘠土沙礫之地，皆可以種。初種於漳郡，漸及泉州，漸及莆（田），近則長樂、福清皆種之。蓋度閩海而南，有呂宋國，……」有趣的是，其後一大段文字，都是引自《閩書》的記載。這裡的傳播過程，和上述最初種於長樂之說不同，「這可能是因為當日福建有許多人到菲律賓經商，自那裡把番薯的品種帶回來種植，並不限於陳振龍一個人的原故」。接下來，全漢昇用了周亮工——其實是何喬遠——的說法，說明番薯的特色、價值，所以「在傳入福建不久之後，廣東農民也種植番薯，以免饑荒」。[33]何喬遠這位大史學家兼理學家，會在其著作中鄭重其事地寫一篇看似突兀的頌文，大力讚揚番薯這個舶來品，果然是一位有大識見的學者。

安平商人

除了《閩書》中「安平一鎮盡海頭，經商行賈力于徽歙，入海而貿夷，差強貲用」這則簡略而定位性的記載，何喬遠在《鏡山全集》中，還有一篇長文，概論安平鎮的海防、商人和詩書人文等豐富的傳承。在這篇感念泉州府第二把手郡臣楊蓋的文章中，何喬遠先是概要地描述了泉州沿岸的守備作業。為了防禦海寇、保護沿海地區的安寧，泉州一帶海岸設有密度極高的海路駐防軍隊的汛哨，「蓋擇其廬舍團結之聚、舟師扼控之游而為之備，其密不啻西北邊」。接著則談到安平鎮的豐富內涵和規模：「維是安平一鎮在郡東南陬，瀕於海上，人戶且十餘萬，詩書冠紳等一大邑，其民嗇力耕織，多服賈兩京師、齊汴吳越嶺以外，航海貿諸夷，致其財力相生泉一郡人。」[34]安平雖然僅是一個鎮，但和江南某些繁榮的市鎮一樣，規模往往相當於一個縣。當地人除了努力耕織外，詩書冠紳也是一時之盛。當然，最重要的，還是那些無遠弗屆的安平商人。他們除了南京、北京、山東、河南和南方的吳越外，更是遠航海外，和夷人貿易往來，所以財富等於泉州一個郡。

安平雖然地位重要，但地理位置「為海支股，不甚當盜」，「時軍所出汛地，則守於圍頭而已。圍頭者，去安平可四十里許，可以為捍，不可以備也。若有盜之不虞突來內闖，則黃頭之士亦有相稽而遁責已爾」。

圍頭雖然在宋代就被增設為第四個海汛防地，但距離安平約四十里，守備起來十分困難。只要有海盜突然闖進來，負責的官水軍也只能推諉遁責。楊蓋請當道將圍頭和諸汛地並列。「每當汛，公輒軾臨之。於是，安平之人喜公之不忘其鎮，聚族而頌功。」「公又進圍頭而為平安之內備，其窒隙杜萌，繫民之盛心足以追踵前哲，又烏可無記？」[35]楊蓋把前賢的做法更推進一步，讓圍頭變為安平鎮的內圍保衛地，不讓盜賊有任何可乘之機，難怪能得到當地人的感念。

何喬遠在頌辭中，對他具體的做法和功效，作了更詳細的說明：「維泉大鎮名安平，於郡支爪若股肱。……民生纖嗇但織耕，遠者服賈舟與軿。轂轉財物相生成，孤懸海上如絲縈，堂皇空虛圉門庭，儻有萬一誰拄撐。楊公為政仁且清，囊無寸帛錢不名。防海七歲駈鯢鯨。」「睠拊茲鎮憂黎甿，弭車緩轡觀渤溟。水軍來集喧揚鈴，銃如雷擊砲發霆。賊徒聞風先膽驚，號令皎與秋天明。」安平商人雖然富可敵泉郡，但孤懸海上，好像游絲，對海盜可說是門戶大開，而內庭空虛。楊蓋為官清廉，七年內念茲在茲地幫安平的百姓驅除那些兇暴的盜賊。水軍的仗勢和武器也讓海盜聞風喪膽。一二三二年，知名的福建理學家真德秀知泉州時，首度將圍頭加入備禦汛地，而為人民所追念。楊蓋將此地的防衛變得更加緊密嚴實：「公加周密杜罅萌，不留一窟驕狸狌。精心石畫往哲並，大鐫深刻窮碑橫。」[36]人民只能用努力深刻的橫碑，表達他們對這位地方官的感念。

除了這兩篇概論性和海防的文章外，何喬遠還記載了兩則有關安平商人的個案。第一篇是前面傅衣凌提到的〈壽顏母序〉。文章的開頭，提到安平商人和徽州商人的一些共同特色，特別是嫁作商人婦的不幸和德行：

吾郡安平鎮之為俗大類徽州，其地少而人稠，則衣食四方者十家而七，故今兩京、臨清、蘇杭間多徽州、安平之人。第徽人以一郡而安平人以一鎮，則徽人為多。是皆離其室家或十餘年未返者，返則兒子長育，至不相別識。蓋有新婚之別，聚以數日離者，語曰「十婦九妬」，非虛語也。以如之為俗婦恆不得與丈夫久處，固難之矣，而復不妬，則尤難也。[37]

所以妬婦，應該是徽州商人和安平商人妻子的典型特色。但如何做一個不妬的女人，實在是困難的考驗。此處的顏母，就是一個最佳的例證。何喬遠因為他的同年顏植庭拜託他幫兄嫂顏氏寫壽序，所以講了故事的細節。

顏植庭的堂兄娶了顏母後，因為家境不佳，所以「奔走衣食，什九在外」。顏母在家照顧婆婆，婆婆臨終時大大稱讚她是一個孝順的媳婦。「吾從兄早歲未男，時時謀為為置側室，久之已則舉男，然尤以單弱慮，更擇宜子者進焉。今嫂氏之子名甲登者，補郡弟子員，而為吾嫂所置出者名嘉胤，亦向學守其家。吾兄歿十餘年矣，二子所繇不墜兄緒，倚賢母也。……茲年七十有二矣，吾侄子甲登欲求子一言張之，子其毋辭。」[38]這個故事看似簡單，但正好呼應了文章一開始所說徽州商人和安平商人「十婦九妬」的常態，以及不妬的德行。從早期「時時謀為為置側室」，到後來擔心自己的兒子單弱，又特別收養了一個小孩嘉胤，並將兩個人都教育成人，正顯示了不妬之婦泱泱大度的德行。

下面我們看到另一位急公好義的安平商人有些傳奇性的故事。邑諸生曾鳳甲、士夔帶著和何喬遠是舊識的妹夫柯維南，一起拜訪何喬遠，請他為他們的父親曾守吾寫一篇墓誌銘：「先府君粵中沒也，孤兄弟四人，不得執手訣，卒世痛。去年匍匐扶櫬還鄉，今將以來春奉葬於南安縣之梅峰山，重念府君身服賈，即無大徽，懿有一二，安敢掩前。」這段前言，讓我們知道曾守吾主要做生意的地點是在廣東，並且在廣東過世。他的成就雖然無法和大徽商相比，但顯然也是一個相當成功的商人。

曾守吾「世居晉江安平鎮之西安里。……即孤且貧，是用束身從賈。然具有信斷而大之，以好行其德，不離於儒術。始客潮，有同舍亡其百金，諸同舍人人自疑，要神矢。府君獨不行，曰：『吾自信心。』頃之，同舍金亦得」。曾守吾雖然孤而貧，但從商不離儒術，同舍的商人遺失白金，曾因為平常講求信義，所以拒絕和其他人到廟裡燒香，請求神斷。

他雖然從商不離儒術，但個性上顯然具有俠客和不願妥協的精神，因為看不慣鄉里中惡少的行徑，舉之於官，平白為自己惹下一場大災難：「其後稍遷粵，稍饒，諸少年徵逐錐刀，府君則不屑，曰：『在鬥智。』府君念少貧也，時時急為義。哀人困，而獨不能為德於惡少年。有偷兒十餘輩，椎埋里中，府君惡之，陳於公，置之法，論鬼薪、城旦。諸偷乃大恨。」這些小偷因為被官府懲罰做各種勞役，銜恨在心，除了燒了他的房舍，毀掉二個外甥，還打聽到他從廣東回福建的日期，打算在路上埋伏報復。曾守吾表面上宣布從此就不返鄉，卻改裝乘機回鄉，「再陳諸偷於公，斃之」。[39]

除了這段付出嚴重代價的除惡行動外，曾的各種作為完全符合了儒家君子的美德：「府君敦尚孝友，雅慕詩書。仲兄沒，猶子少，所居折於稱貸。府君完其負而畀之宅，課孤等皆廣致名諸生，毋敢失禮。間訓曰：『車裘共敝，昔何人哉！』」他為喪父的侄兒償還了所有的抵押債務，還送他一座房子，並請了有名的秀才來教導孤兒。想到自己孤而貧的出身，讓他特地用「車馬衣裘，與朋友共，敝之而無憾」的名言來教導後輩。

他做生意的原則也近乎儒者，雖然不特意和人競爭，卻往往達成目標，即使虧本出售，也不為所困，終於能從小商人、中等商人，一路變成大商人。「其服賈也，本之以信，佐之以智，因之以天，以處厚為丈夫，以任運為明達。常舍競而多奇中，中經折閱亦無所苦，故始為末，繼為中，而終以大。」可說是一位善於經營的儒商，他的後人說他雖然「業無所致青雲」，卻是「市義積仁」，[40]確實是恰當的讚譽。

下面這段簡短的文章，主要是記載崇武一位叫何恪夫的商人，為族人建立了一座祠堂的空前重要事件，讓何喬遠大做文章，以抒發他不平的議論：

> 惠邑瀕海上有戍曰「崇武」，何氏者居之。其來自南靖九世矣，聚族且百人，時時有長者出焉。而至於今，恪夫其著也。
>
> 恪夫為人孝弟誠信，備諸百美。挾貲賈游秦越吳楚間，資用既饒，遂建宗祠於戍城之中。前堂後寢，鳥革翬飛，尋置祀田以為世世蒸嘗之計，不問族人一錢也。族人義之。祠成，使其諸生家駒者請記於予。[41]

何恪夫行商於秦越吳楚間，累積了豐厚的財富，終於決定在半島上為聚族百餘人的何氏家族建立一座前堂後寢，並且包括了祠田的何氏祠堂。惠安從宋代建置以來幾百年，像何恪夫這種「庶人之以德著於鄉而內修之家者」，是第二位。

何喬遠接著引經據典，對傳統的偏見批評了一番。根據他的解釋，從《禮記》「禮不下庶人」的原則以降，《孝經》、《詩經》等儒家典籍，對庶人的行為舉止都有一定的規範，祭祀於廟的典禮、儀節都不是他們的地位和能力所能及的：「然則庶人之行，固先王之所不廣逮，而聖人所不深求者也，自天子諸侯以至於士皆得立廟以祭其先，而庶人於寢。要以庶人之力不足勝立廟之任。彼其一夫受田百畝，仰事俯育且亦塵塵，何暇問禮制之外乎？」所以在儒家的傳統中，庶民的責任就是努力耕作，仰事俯育，要祭祀先人，只能在寢室中進行。司馬遷和班固的〈遊俠〉、〈貨殖〉列傳，雖然重視「閭巷之杰、山澤之隱君子」，但只注意到他們「赴急賑困」的義行，對他們「孝弟之實、尊親惇睦之意所以合於聖人之道者」，卻從不講求，才會發生從宋朝以來，幾百年來，才再出何恪夫這樣一個「庶人之以德著於鄉而內修之家」者的案例。

在頌辭中，何喬遠生動地描繪了何氏族人「闔門合族」，在寬廣的廳堂、院落中祭拜祖先的歡慶場面：「崇武之城，有堂言言。奧衍檐楹，盤互周垣。庶人之寢，大夫之廟，祖考來棲，載燕載笑。闔門合族，來拜廟下。」而這一切，都是因為出了一個經商有成的子孫「內修之家」的孝行：「維此曾孫，牽牛服賈。聚財以義，考禮以古。何氏之世，綿綿瓜瓞。濬發其祥，大產賢哲。」[42]

李光縉的《景璧集》

李光縉在《景璧集》中，講了許多安平商人的故事，有的具有傳奇性，有的是大商人，甚至還有女性商人，我們選出一些具有代表性的，分別敘述。

在一篇題為〈寓西兄伯壽敘〉的長文中，李光縉描述了一位從十二歲開始經商，從小商人發展成大商人的歷程。對這位被稱為寓西的同族商人，[43]李光縉再次用《史記》的標準，來褒揚這位賈中賢人：

> 兄伯非凡人也。……「今宇內高人奇士，或置身於青雲之上，或榮名於白簡之間，高車駟馬，前呼後擁，親戚以之畏懼，市觀莫不贊嘆，若兄伯皆無之，所謂游賈人耳，安在非凡人為？」余笑曰：「何域內之談無越俗之觀也？若且未知行賈間之有賢人乎？太史公敘列今古，上而天子王侯，下而公卿將

吏，奇而劍客謀臣，鄙而滑稽佞幸，以至日者龜策之儔，無不備載，亦已窮人物之態，……必終之以賈人，何也？寧直以其用財致富、可恣意好、免貧賤而已？賈之為道，其鬥捷可筴權變，其周游可度地形，其決斷通乎行法，其奇勝合於用兵，大用之富其國，小用之饒其家。此千役萬僕之能，太史公所以稱為當世千里中之賢也。……吾故曰，賈中有賢人也。」[44]

相當於一般世俗的看法，把高人奇士看成高車駟馬、前呼後擁，眾人畏懼的大人物，這位寓西兄伯，看起來就是一個平淡無奇的老農夫，很難看出他不凡的人生經歷。李光縉用了司馬遷的說法，把商人的能力和地位推到最高點，並以此為出發點，描述這位安平商人的成就、能力與識見，難怪會引起傅衣凌的重視：「兄伯自其王父繇吾儒林徙安平。安平人多行賈，周流四方。兄伯年十二，遂從人入粵，尠少有誠壹輻輳之術，粵人賈者附之，纖贏薄貸，用是致貲，時為下賈。已徙南澳，[45]與夷人市，能夷言，收息倍於他氏，以故益饒，為中賈。」李寓西從十二歲就開始經商生涯，先是到廣東，從小商人做起；隨後遷徙到南澳，因為能說夷語，獲利高於其他人，而成為中等的商人。

接下來，呂宋大舉招募中國人前往，卻乏人問津。寓西憑著過人的膽識，「遂身之大海外，而趨利其後，安平人效之，為上賈」。寓西由於敢為民前鋒，遠渡重洋到呂宋，很容易就賺取到豐富的利潤成為大商人，安平人於是紛紛效法。其後中國人一波一波地湧入，到萬曆三十一年（一六〇三）馬尼拉大屠殺前，居住在呂宋的中國人已經達數萬人：「華人既多詣呂宋，往往久住不歸，名為壓冬。聚居澗內為生活，漸至數萬，間有削髮長子孫者。」[46]

司馬遷雖然寫了不少商人的傳記，「然未有浮海道，市東南夷者，安在其可凡兄伯也」？或曰：「若是，則安平之市無凡夫矣。」不過雖然安平人紛紛效法寓西，「浮海道、市東南夷」，但用李光縉的判準，只有他的寓西兄伯稱得上是非凡的大丈夫：「何如吾兄弟一匹夫挾漢薄物，而歲取其王靣錢以歸也？當是之時，中國之人新與夷交，語言不通，嗜好不同，而譯者用事。兄伯身所之夷，與語輒習之，見其國王，王以為異人。是以徵貴賤不復問譯，而取信於兄伯。兄伯不之詒也。」這位具有開拓性的大商人，第一個最特的特點和長處，是具有語言天分，不管是到南澳還是呂宋，很快就學會用夷人的語言，和夷人打交道、做生意。在呂宋，他很快地就能用西班牙語和國王直接溝通，建立互信。這顯然是他成為大商人的關鍵因素。

李光縉接著用最高的讚譽來誇獎這個超越讀書人的大商人：「遂為雁行中祭酒夫夫也。凌大海之波，泛條枝之窟，睹扶桑之上下，識魚龍之變化，而能掉三寸舌，通華夷之情，行忠信於蠻貊，此亦魁然一奇丈夫也，何必讀書。而安在其凡兄伯為？」[47]

寓西因為前往呂宋經商而變成大商人，卻能逃掉一六〇三年的馬尼拉大屠殺，「安平人任發，兄伯取收，故居然可免於患。其初兄伯之呂宋，皆身自往。自権使出海上之稅，歸之中官。兄伯策其必敗，遂不復往。不數年，好事者言夷地多金，遣使偵之，夷人疑有它謀，遂屠戮中國賈人以數十萬。令兄伯俱去，能獨免乎？愚者闇已然，智者識將然，鬥智爭時，先一市人，此余所以不凡吾兄伯也」。[48]李寓西的成功，在於他能掌握機先，在別人都畏懼不前時，以一介匹夫，直接和國王打交道。但因為他不像一般安平人能發不能收，有充分的智慧判斷情勢的發展，當他了解到負責徵收關稅的使臣將所得交給宦官之後，他就知道事不可為，「遂不復往」。沒有幾年，悲劇不幸發生。

這段記載中，將馬尼拉大屠殺死亡的人數寫成數十萬，顯然誇大其詞。張燮的《東西洋考》對這件「機易山之事」的經過有極詳細的記載，對最後一段西班牙人決定殺害華人的做法和華人的反擊，如此描述：「明年，夷遂決計謀殺諸流寓。……乃約日勒點名籍，分三百人為一院，入即殺之。事稍露，諸流寓乃糾眾走菜園，屯聚為亂。八月朔日，夷兵大起，攻菜園，死傷無數。次日，聚大崙山，揭竿應敵。夷亦少挫，首旋悔禍，遣人請和。華人慮其誘我，撲殺彼使。夷怒，設伏城旁。初三日，華人在大崙山飢甚，不得食，冒死攻城。夷人伏發，燃銅銃擊殺華人萬餘。華人大潰或逃散，餓死山谷間，橫尸相枕，計捐二萬五千人，存者三百口而已。」[49]這顯然是華人移民、經商東南亞歷史上，第一次也是最大的慘劇。

陳國棟綜合既有的研究，對事件的爆發，作了下列簡扼的綜述。一六〇二年，一位在馬尼拉工作，名字叫張嶷的華人，透過一位在北京當官的衛所軍官向皇帝報告說，呂宋離馬尼拉城不遠的機易山產黃金，可派人前往開採。朝廷在經過一番爭議後，由宦官高寀派了一名手下、海澄縣縣丞王時和，以及百戶干一成三個人，在一六〇三年前往馬尼拉辦事。馬尼拉方面的西班牙當局雖然小心應付，讓這幾個人知難而退，空手回中國覆命，但這件事情已經在菲律賓群島的西班牙社群中引起強烈的不安，深恐中國方面派兵來襲，而與在地的華人裡應外合。於是，在一六〇三年十月三日，西班牙人以華人集結意圖作亂為由，爆發了大規模屠殺華人的事件。[50]

在李光縉的敘述中，李寓西另一個與眾不同的非凡之處，是當所有的商人都紛紛進入北京，以天下奇貨輸入宮廷時，他卻拒絕進京，原因是這麼做，既助長了官員的貪瀆之行，也耗費國家的資財：

或曰：「天下奇才奇貨，皆聚京師。若兄伯誠非凡，奈不入長安何？」余笑曰：「否！否！人抱一奇一篋，俱可入京師，見天子，獨賈人不可見天子。……一入而以心計言利，遂令縣官與商賈爭貨，海內為之騷然，故不可也。往歲諸賈人輒相率至京師，所有翠翡、玉石、珠璣，外得之海上，內輸之官中，至空左藏之金與之市，大司農厭苦矣。兄伯以為開縣官黷貨之心而牟國家無名之費，非賈人事，而不為也。故長安雖麗，未嘗一至而問焉。此余所以不凡兄伯也。」[51]

李寓西不願用進口的奢侈品來敗壞官箴、掏空國庫，確實是有所不為的不凡商人。另一方面，他卻篤行儒家的德行：為人伉而爽，重信義，不侵然諾，好扶人之急，恤人之窮，居家以孝弟為先。他雖然維持了家族的儒家傳統，但自身作風豪奢，又不肯聚斂錢財，畢生經商所得也多半耗盡：「兄伯氣嶽嶽不肯人下，身侈於用度，所致萬餘金多費之，不封殖，其家貲至今不甚起，子長者脩息，少者治書，令無失吾孺林之風云。」不過在奔波半生之後，他顯然非常安然地解甲歸田，從經商轉而務農：「用貧求富，農不如賈。積德累行，賈不如農。故兄伯晚年稅駕於賈，而息肩於農，築廬田間，鋤雲耕月，笠雨簑風，釀禾而醉，飯稻而飽，徐徐陶陶，春秋不知，榮枯不問，而兄伯老矣。」[52]李寓西確實是一個不平凡的安平商人。

另外一位安平大商人陳珊的生平也頗富傳奇性。他的祖先在宋末遷移到南安，陳珊本人則在入贅後，移居安平：「宋末徙南安壺公山衡斗，為衡斗陳。處士生于衡斗，後贅居安平之顏，卜鄰之。陳之入安平，自處士昉也。」陳珊生於一個書香世家，他自己小時候也讀書，「長乃棄之」。他的父親斗山公原本也頗有家財，後來因為兵燹、賦役，父歿兄竄，而終於家道中落，一貧如洗：「子伯仲相力作，處士居卵翼間，初不甚貧，後遭中落，兵燹頻仍，父刎，兄竄，田園丘墟，室廬煨燼，賦煩役重，于是處士之家蕩焉若洗矣。」[53]

這時還只是一個小孩子的陳珊逃難到安平，而遇到人生的一大轉折：「處士甫垂髫，逃亂入安平市，市人亡知之者。顏君道謀睹其狀貌，大奇之，遂許以季女。人多易處士而笑顏君，顏君笑曰：『是兒當得貴，即不貴，且富矣。世寧有美丈夫而長貧賤者乎？』延之甥館，多挈金錢財帛以畀之。」[54]這個有識人之能的岳父，看準陳珊將來非貴即富，把女兒嫁給他，還給了許多陪嫁財物，而遭到大家的嘲笑。陳珊和妻子拿到這筆錢後，運籌鼓策，精打細算，居然賺了不少錢：「處士藉以運籌鼓策，身與細君共纖嗇，所贏得過當，終不利其有，以歸丈人。丈人廉之，益縱金恣出入不問。」

有了更多資金的陳珊，這時展現了和李寓西類同的才華和策略，遊走各地，並遠赴呂宋，也和李寓西一樣，成為受人重視的大商人：「處士其初鬥智，最後爭時，行財幣如流水，若猛獸鷙鳥之發，人雖與共用事，終不如之矣。故人或折閱，而處士收息反倍之。處士行賈，北走齊、吳，南走粵。呂宋洋開，鬻財呂宋，轉販所至，人多重之，倚為祭酒。竟以致富，埒于內家。內家用是亦益饒。」[55]和李寓西一樣從小開始經商的陳珊，至此也產生了倦歸的意思。他和妻子商量以後，一方面感激岳父的器重、栽培，把他當自己的父親一樣；另一方面，他也決定回到父母的老家衙斗：「一旦，與細君顏孺人謀曰：『吾婿若家，若父材我，我為若父報，非婿也，乃子也。衙斗亦吾湯沐，可奈何不為吾父母地哉？』乃之衙斗，細君與俱。分散餘金，瞻伯叔兄弟，以逮疏屬。」並和崇武商人何恪夫一樣，重修父母的墳墓，並為先人重建祠堂：「襄斗山公與李孺人宅兆，身負土石，同傭雜作，取大宗祠再建之，以妥先靈，費不以問族人也。」[56]

值得一提的是，陳珊的曾祖父陳宗俊除了「為邑文學，屬詞有聲」外，大概還是一位虔誠的佛教徒，所以自力建了一座寺廟「天竺寺」，在盜賊殺人放火時，燬之一炬，「處士併力新之，扶笻穿磴，卷婁不休」，雖然垂垂老矣，但種竹修林，重建台階，讓寺廟煥然一新。李光縉總結道：「處士游于賈而語仁義終其身，子姓趨文學益甚。人是以稱之曰處士。」[57]顯然是一位有思想、有文化的安平商人。

嫁作商人婦

前文中何喬遠提到了嫁給安平商人的婦女之不幸和德行，李光縉則從不同的角度為我們描述了這些商人婦的堅強和能力。李光縉提到在自己閉門謝客、不問筆研以頤養性命之際，突然有人來訪，希望他能為一位節母寫一篇壽敘。這位鄭姓節母是「安平李生某之母也」。原來李生的父親早年在廣東做生意，帶著母親同行：「李生之尊人曰某公，蚤歲賈于粵，攜節母與俱，夫妻併力，挽拾仰取，困家焉。」不幸的是，李生的父親沒有多久就死於客鄉：「亡何，夫即世，二孤在襁。欲與襯歸，而以一孀婦挈兩幼子，間關不可卒致，是以竟忍濡粵居，修遺貲而息之，以俟二孤之長，蓋岌岌矣。」[58]

鄭母雖然打算帶著兩個襁褓中的兒子，一起將亡父的靈櫬送回安平，但想到路途的遙遠、艱難，就放棄了這個想法。她獨自忍受著潮濕的氣候，在廣東用亡夫的遺產生息，將兩個兒子撫養長大。就在這個時候，「李之宗人有同貨于粵者，見其形單子少，而貨亦非貲。其視耽耽，惟藐諸是圖，以幾倖于不可知，遂欲一旦而利其有。節母弗之從也。拮據瘁瘏，守其業以無失，下有以塞睥睨者之心，上不至耗丈夫之遺，長子老身」。[59]這個不懷好意的同宗商人，看到鄭氏形單子少，很可能存著人貨兩得的壞心眼。鄭母面對著這種岌岌可危的情勢，斷然拒絕同宗商人的不軌意圖。

李光縉在這篇感慨、議論比傳主生平還長的文章後半段，非常精準地道出嫁為商人婦的難處：「乃其樹節于賈人之家，則尤難。至孀居他鄉，備嘗險阻，而始終不少渝其節如鄭母寡者，尤難之難也。彼賈人相矜以賈，去文學而趨利，非有詩書禮義之習可以化誨其閨門，而又熙穰于財利之鄉。……雖丈夫子而當此，不免搖惑，何況婦人？吾故以鄭母節為難也。節母，吾安平人。」[60]妒婦固然是安平、徽州商人文化中的一大特色，但如何保住貞節，也是一大考驗。

下面這位大商人的妻子沈孺人，因為處在不同的環境中，而展現出不同的能力與風貌。在文章的開頭，李光縉又從不同的角度描繪安平和泉州文化的差異：

吾溫陵里中，家絃戶誦，人喜儒，不矜賈。安平市獨矜賈，逐什一趨利，然亦不倚市門。丈夫子生，及已弁。往往廢著鬻財，賈行徧群國。北賈燕，南賈吳，東賈粵，西賈巴蜀。或衝風突浪，爭利于海島絕夷之墟。近者歲一歸，遠者數歲始歸，過邑不入門，以異域為家。壺以內之政，婦人秉之。此其俗之大都也。[61]

雖然我們在前文中看到泉州人因為地理環境的限制，以海為家，貿易有無成為文化中的特色，但另一方面，泉州人又自負於當地悠久的儒家傳統，以「鄒魯海濱」為傲。但在文集中不斷強調商人重要地位和貢獻的李光縉，卻對那些只會追逐十一之利的商人不表認同，反覆重申文學和儒學的重要，顯然是想在商賈文化和儒學傳統中找到一個平衡。在強調了「吾溫陵里中，家絃戶誦，人喜儒，不矜賈」的大背景後，再轉過來描述安平人獨好賈的特色。這段描述中，特別值得我們重視的是安平人世世代代，全力投入商業買賣的敬業精神。一般的子弟在成年後，往往跟著父兄奔走天涯，未必都有留下來讀書應舉的運氣和環境。

作為安平商人的妻子，「婦人以夫為天耳，其性嗜財，纖悉益甚。能不隤丈夫本業，坐而息歲入，斯已賢已」。能幫丈夫守住本業，坐收利息，不令其虧蝕，就已經是賢能的女性了。「乃有不然，相夫以賈，課子以儒，篝燈熒熒，別啟山川，有斌斌文學之風，尤足多焉；吾于沈儒人見之。」[62]沈孺人「相夫以賈，課子以儒」的才能，正好將商業和儒學維持了一定的平衡，完全是李光縉心目中的最佳典範，難怪他會說「有斌斌文學之風，尤足多焉」。

對於沈孺人「相夫以賈」的描述，生動有趣，分別發生在三個轉折點上。「孺人蚤歲歸小樓公，是時小樓公方始產，積居轉販為業；始窺邑市歲酤所出入，贏得三之，為小賈。孺人問有無焉。」當史姓商人小樓公剛開始經商時，從無變有，成為一個小商人，沈孺人適時地「問有無焉」，表示自己的關心。「繼行旁郡國，歲轉轂以百數，贏得五之，為中賈。孺人問多寡焉。」當他成為一個中賈時，沈孺人開始過問贏利的多寡。

當小樓公生意越做越大，販賣的都是賺錢的珠寶、珍品之類的商品時，沈孺人開始縮衣節食，專心料理家務，並開始關心五個兒子的前途：「最後四方郡國無所不至，珠璣、犀角、瑇瑁、絲枲、果布之貿，轉轂以千萬數，贏得十之。孺人乃不問有無多寡焉，而一意以節縮佐之，素衣浣服，藍縷如初。小樓公久不歸，不但米鹽、戶役、筦鑰之事委棅孺人，雖其丈夫子五，不遑程督之。」[63]

沈孺人在這個關鍵時刻扮演的最重要的角色，是敦促先生和她一起決定在五個兒子中挑選兩個最有潛力的去讀書：「一日，小樓公自外歸，孺人迎謂之曰：『聞以賈富矣，未聞以賈貴也。可奈何使諸子而賈人子乎？』乃與小樓公擇其聰敏者仲若季使就傅，小樓公心善之。已，小樓公又以賈出，孺人身自課讀，燃燈為度，丙夜方休，能誦使誦，能文使文。小樓公即世，課仲若季益力。仲若季以屬詞聞太學中，交結四方賢豪士。雖其父行，願延頸交。則得孺人之訓居多。」[64]最後，就因為「史有孺人，兩君興于文，遂變史氏賈風」。[65]沈孺人對商人和讀書人的看法，和李光縉大致類同，所以努力培植兩個兒子走上文學／儒者的道路，改變了史家業賈的家風。

下面這位大商人妻子的經歷，比前面二位更富戲劇性。文章的主角，是萬安縣令王鴻磐的母親史太孺人。史家是一個大家族，「太孺人為史廉憲公福玄孫女」。

王鴻磐的父母共生下三個兒子，「季即萬安君際逵，最後出也」。季君的父親王思賢有特殊的計算能力，可說是一個天生的商人：「贈公偉姿觀，善心計，初治鄒魯家言，後乃棄去行賈。與江少卿從弟愧泉公共本貲，江公守市門列肆，贈公徵貴賤于吳越間，鬻絹帛絲縉以歸。贈公觀萬貨，目量手程，無尺寸爽。貨出入所多所鮮，不具沾簿，久皆心識，灼數如列眉。年少江公遠甚，人倚祭酒。兩人遂稱大賈，卒以致饒。」[66]王思賢在各地買賣絹帛絲縉，不需要任何計算工具和帳簿，靠著目量心識，就能把所有的數字算得清清楚楚，終成大賈。

就像所有的商人妻子一樣，史太孺人辛勤地料理家務，侍奉公婆，讓「贈公致貨千里，無內顧慮」。「贈公天性孝友，仗義慷慨」，賺來的錢都用來供養父母，照顧兄弟。不幸的是，他雖然年紀不大，卻在行商各地的途中，死於武林中介商人的家裡。這個時候，太孺人才三十二歲，最小的兒子季君才一週歲。王思賢雖然留下了幾百金的安家費，但「一家無老少尊卑，被服食飲盡出其中。……不數年而贈公之遺，耗費幾盡矣」。[67]

史太孺人「嚴于課子，豐于延師，聞有名傳，遣令負笈，不難捐簪珥以當脯修」。但更不幸的是，在先生早逝後，兩個兒子也先後過世：「仲學書不成，學賈，客死于粵。伯終蠹魚，以中道夭。獨有季在。」「太孺人于是所注心，惟藐諸季矣。家落益甚，不能支也。忍饑耐寒，併日而炊，竈突常冷，但荼苦以供季讀。」郡守最初同情季君的遭遇，又感謝太孺人的盛禮，於是找他的高足免費教讀了一陣子，但最後人各四方，季君還是只能回到母親身邊，相依為命。「衰母弱子，無天可問，誰憐之者。」走到這個地步，季居只好招贅到遠處：「季君不得已，效秦人俗，出贅桃源，攜太孺人入山中與俱。母子間關險阻，難為言矣。季君不以貧挫于志，太孺人亦不以貧故挫季君志。每見季君從外來，氣嶽嶽不下人，夜讀書聲朗朗不絕，輒自喜。」「季君丙午舉于鄉，丙辰成進士，出令萬安。太孺人蓋自是始一開頤。」[68]

像這樣的一個大商人家庭，最後只留下孤兒寡母，各自用盡有限的資源，最後成功地轉換成讀書仕宦之家，確實是難得一見的例子。

得道多助？

李光縉在安平之外所描寫的商人，有的是棄儒從商，有的是棄官從賈，但像洪松這樣靠著眾人的協助，成為富商的故事，則頗為傳奇。洪松會走上經商之路，大概是他無法料想的一場天降橫禍的後果：「聞之里長老言：嘉、隆之間，有錢峰洪公者，畸人也。或曰：『洪公貧而能起富。』或曰：『洪公多長者行，落魄所至，人爭歸之。』……自古賢人所以富者，如博戲、販脂、酒削、賣漿之徒，初何嘗不困乞，而後乃益饒也，比于一都之君巨萬者，與王者同樂。何但洪公哉？」從這段序言中，我們知道洪松和多數商人一樣，都是因為貧困至極而走上行賈之路。

「洪公諱松，字國明，別號錢峰，邑之錢嶼人。錢嶼惟洪為著姓，公生長其村，後徙之安溪湖頭市，為湖頭人。最後居郡城，為郡城人。」最初，他的父親悠吾公雖然不是很富有，但至少有屋可居，有田可種。但最後和里中人爭水利，「其人病亡」，因事涉人命而被訟。就在這個時候，他的侄兒參知新齋公以轉運使返家。家人於是向這位做官的親人訴說冤情，希望他挺身而出，與官府交涉。但富於行政經驗的新齋公則要悠吾公賠錢了事：「冤可白也，家立傾矣。與其傾于官，而無益于死者，不如償之。」家人接受了參知的建議：「如參知言，裸體而出，遂成貧人。」[69]

洪松的父母在這個打擊下，相繼過世。洪松貧無立錐之處，寄食於兄長家。但沒有多久，倭亂爆發，「野無青草」，他的哥哥苦不自給，洪松自然不能再待下去：「公拂袖去曰：『大丈夫不能自食，而奪人口餘為耶？』」於是離開錢嶼去了湖頭市：「公初至時，風餐露處，袖無半銅，市人無識公者。乃狀貌恢梧，不類窶人子，且擘畫有心計，與人言，人始奇之也。」洪松到了湖頭，雖然袖無半文，餐風飲露。但因為相貌堂堂，不像是鄙陋的窮人子弟，又能用心籌劃，引起了眾人的好奇，路上的窮人和在湖頭做生意的外地商人開始紛紛接濟他：「初，市中之貧人歸之，爭取胥糈以餉公，公始得不死。再則客于市之賈人皆歸之，與公逐什一，而公之忠誠必有以信服人，人倚公為計。」他以忠誠取信於這些市井的商人，這些商人也開始依賴他的計謀。70

聽起來多少像神話一般，眾人的接濟讓洪松有機會建立自己的知名度，轉而引發當地富族大姓，甚至道士的重視：「然後環市之富族巨姓，無不人人賓禮公，延為上座矣。市有道人，相公貌當不貧，輒周旋公。」甚至還有一個藍姓老婦人，家裡住著許多到湖頭中介木材買賣的商人，出於憐憫而給他食物，最後還把他當作自己的兒子一樣看待。洪松利用這個場合開始累積資本，成為湖頭的大商人：「又有藍媼者，其人無嗣，入湖市木之客多駔儈其家。媼見公至，哀而給食之，遂留與居。視若已子。公是以得藉資于客中之殷者，持籌握算，反為諸客先。公起貲從此始。」「公治賈有三策，無財時作力，少有財時鬥智，既饒則爭時。此其大都也。數年之間，立致千金，愈益居積，種樹牧畜，出貸子錢，收而息之，以貲雄湖市中，人往往委命公矣。」[71]

洪松的發跡史，和上述所有的商人都不一樣，他善用眾人的善意和信任，不用奔波於江湖，就在湖頭建立了自己的商業據點和王國。洪松個性豪邁，好行公義。一旦變成大商人，他先是回到家鄉安葬了父母，資助貧窮的族人，然後開始回報所有幫助過他的人：「公豪俠有大志，輕財喜施，從貧已然。及富，好行其德，振人急益甚。于是歸錢嶼，禮葬其二親，卹宗人之貧者，召嚮取胥飼已者，人酬以數十金。道人歿，經紀其喪，追薦之，戒其黨勿受謝。厚報藍氏媪，存問者終其身。」對視他如己出，並提供他一個發跡平台的藍姓婦人，更是照顧到終身。

其後，「發金錢數千緡修牛獅嶺，治湯頭橋，行人便之。歲疫，施棺木百餘。出粟賑飢。……氓賴以全活。公之施德多此類。郡諸公聞者愈益重公之義。公沒，湖之人德公，父老童稚踵至問公病、喪、葬者數百家」。[72]

這是一個從錢嶼到湖頭，始末具足的地方商人的傳奇故事。

隱儒賈間

鄭季公承元的人生歷程，則顯得有些曲折。他的五世祖有軍功，舉家從河南遷移到泉州。他的父親一齋公，為潮郡刺史。生丈夫子四，鄭承元排行第四，人稱鄭季公。由於他年幼，特別得到父親的喜愛和照顧，很小就開始接觸儒家的訓練。在兩位老師的栽培下，對《易經》的了解遠邁同儕。由於這樣的家世和訓練，鄭承元走上科舉之路，原本是可以預期的，但父母先後謝世，卻完全改變了他原有的規劃：「既以就督學使者試，補郡第子，文日寢有聲。公益俛首下帷，思出與里中賢豪角。會潮州公捐賓客，毀瘠三年，竟不果。服除，家政雜遝，戶外之事蝟至，公謂匏瓜弟子員亡當也，請命于孫恭人，且削去博士藉（按：原文恐誤，應為「籍」），走而之健康、燕市，游國子舍中，為壹意焚舟計。會孫恭人病且亟，又弗果。于是季公之眥落矣。」[73] 原本是藉著削去博士籍，遊學國子舍中，以示別無退路的決心，但母親的重病，卻讓他完全放棄了科舉之路。

「公乃去文學而趣賈。」原本是前景可期的儒學子弟，但深感「士無巖處奇行，而長貧賤，語仁義，太史公之所以羞也」，所以下定決定，去文學而就賈道。

洪松足不出湖頭，而發跡致富；鄭承元更退一步，既不去異邑，也不窺市井，靠著他在地方的人脈和學問中得來的策略，居然也累積了不少的財富：「公善于完物，明于積箸，剖囊中餘藏，出金錢數千緡，委二三蒼頭轉轂旁群國，通四方異貨，逐贏得為奇勝。身治產積居，不窺市井，不行異色，坐而待收，與里中貴公子、當世之賢人所以富者，同樂觀時變，趨若鷙鳥之發，猶孫吳之用兵，商鞅之行法，人雖學其術，弗如之矣。一年之中，收息什之。數歲之後，收息佰之。最後息千之。公以此起家。」[74]

但完成了作為商人的使命，跳脫了「長貧賤，語仁義」的心理關卡後，鄭承元開始一步一步地收回他的末業，由名山大川回歸到退休縉紳一般閒適的風雅生活。

這時他感歎道：「吾乃大夫子，青矜也。久賈，寧吾事耶？如此不慙恥，則無所比矣。」「乃銳身出，與家僕俱，南走越，北走吳，酤出入金錢而卷之。公雖游于賈人乎，所至與賢大夫結，治布衣交，傾蓋相驩，百金為壽，名岳大川，徒步登眺，納之肺腑，游道寖廣，其視市井事茲薄矣。暨歸，市田，就閒曠地搆亭一區，修竹數椽，雜以花草，亭內左圖右史，亭外治洿池半畝，蓄鰷鯉鱸鯽其中，晦朔春秋，不知將至，延薦紳賓客為驩，開樽舉網，杯肴交藉，浩然長嘯。昔之筆路，今風月為政矣。」[75]這裡後半段的描述，在泉州頗為難得，已經有了江南文人的氣息。

鄭承元出身官宦之家，他年輕時雖然戮力於儒學，卻被迫棄儒從商。不過對他來說，差堪告慰的是，總算有能力培植自己的後代來完成自己的志業：「有子揚卿，名士鳳，為太學賢士，文振郡下，問業于余。余得之若敵國。」

李光縉在他的「太史公曰」中說，鄭承元「隱儒賈間」，[76]可以說是一個恰當的論斷。

以陶致富

在李光縉寫的許多商人傳記中，像莊天夔這樣，在死後很多年，由於地方父老有感於他生前對地方所付出的各種貢獻，要求李光縉寫傳，勒石於清源山的第一峰；莊天夔的兒子吏部君貴則希望將他寫的銘、狀和李光縉的傳一起勒石於堂陰的做法，無疑是相當獨特的例子。

贈公蚤歲業儒，淬力讀書，後乃徙去。河濱公故不貲，又不問生產，中年喪配黃孺人，繼娶盧，家漸不給。兵燹之季，耗落益甚。贈公私自念兄伯多外游，不任家督，自區區手一編，食指日繁悉，待給于家大人，謂不堪瘖瘁何？于是棄詩書之業而問耕種之利。初第躬胼胝，較陰晴，算畝畦，冀歲所熟所收充家人一歲中衣被食飲，猶以為未足。

莊天夔的父親河濱公本來就沒有什麼財產，在喪偶再娶之後，家境逐漸困窘。兄伯多外遊，他既不能也像常規一樣，出外行商，只好放棄詩書，做起農耕。但很快就發現這並不是一個好的選擇，最後決定開始製陶：

已而嘆曰：「吾聞太史公用貧求富，農不如工，工不如商。吾其商于工乎？其莫若陶。莊生言陶善治埴，圓者中規，方者中矩，陶故有道也。耕之外，非工非商，可工可商，誠莫若陶善。我聞陶朱公矣，富好行其德，仁義附焉。朱公以陶居天下之中，虛資之而致富。我今亦以陶足國人萬室之用，實資之而致貴。且吾居亦北谷中地，方尺之土，可陶人郡。吾其資木于山，資水于河，資土于田，資火于薪，資方員于規矩，作硎作範，以應四方，出之不窮，使後之人稱之曰『我善治植』，不庶幾有道也哉？」[77]

在一番頗具說服力的自我盤算後，莊贈公覺得製陶可以完全利用居處附近的天然環境，不用太多資本，就可以「足國人萬室之用，實資之而致貴」。說服自己後，他劍及履及開始發展他的製陶事業：「而贈公所為，不窺市井，坐而待收，身有處士之義而取給者，實繇于此。」

有了錢後，就可以讓父親任意地結社招游、座客常滿。接著他開始努力地實踐「人倫孝友之行」：「先是，倭亂，兄伯為流寇所獲，贈公皇駭號泣，直抵賊壘尋之，當是之時，身幾殆，後賊稍懈，始與兄伯俱從間道歸。」「宗黨族戚有以扼告，銳身赴之。歲耕陶所入稍餘，輒分散于貧，不歆德望報，人多就者。贈公篤于人倫孝友之行，多此類。」

更進一步，他開始在地方官下鄉時，努力為百姓爭取利益。雖然和官員常有爭執，但最後往往能說服地方官接受他的意見：「贈公雖隱于陶者，屏居壠畝間，足跡未嘗一入公庭。至有司出行郊野，止舍鄉亭，事有關百姓利病，往往口畫便宜，有所齟齬上官，意弗之恤，而上官竟傾心聽之者。」關於課茶樹稅的爭執，是一個很好的例子：「往清丈役興，均清源茶畝，時彭令公議以茶百株定產一畝，眾相伏莫敢發言，贈公獨力陳其非萬株不可，彭公大怒，贈公爭之，強如是則茗英盡戈矛矣。令不能乃難，竟從萬株之議。」[78]在贈公的極力爭取下，上官終於同意以茶樹萬株，而非百株，為一畝。

下面這則爭田賦的建議，也大抵類此：「清源出田賦故隸三十九都，贈公言于官：洞田也，而民其產耶？適悉占籍者溪壑耳，宜歸清源，隸開元寺。上官從之。……瘠耕民以肥僧，非公當日遠慮也。然清源今有田，皆贈公力。」

另外一個爭取水利的建議，也事關民眾重大的權益：「郡東北城河儲水衛城，備不虞也。故事：歲旱得引河水以溉田，豪勢家占畜魚其中，閉不使通，千畝如燋，農人告病矣。贈公請令通渠作水門，時其蓄洩。官乃下令穿河壖，贈公親率人暴烈日中自徵引水，苗是以興。」豪勢之家用以備不時之需的儲水來養魚，千畝的田地因為無法灌溉而枯槁。官員接受了贈公的建議，通渠作水門，時時蓄洩。贈公親自出馬，率領眾人在烈日下引水灌溉，「苗是以興」。

「贈公，窮鄉一布衣耳，非有席父兄子弟勢，而能以片言取有司信，為百姓興不世之利，開大辟之辜，大有德于鄉之人。」莊贈公雖然是窮鄉一介布衣，但因為急公好義，「為百姓興不世之利」，也難怪「北山之民相追思，畏壘而勒勛于石」。[79]對篤信鬼神，號稱佛國的泉州人民來說，這樣有大功德於民眾的人物，如果沒有好的果報，就太沒有天良了。值得慶幸的是，蒼天有眼，贈公「晚年有子。吏部君貴，第進士，除饒陽司理」，[80]讓這則動人的故事，有了圓滿的結局。

結語

余英時先生在他的經典名著《中國近世宗教倫理與商人精神》中，特別指出王陽明在一五二五年為商人方麟所寫的一篇墓表〈節菴方公墓表〉，是新儒家社會思想史上一篇劃時代的文獻。其中最有意義的一點，是王陽明本人對儒家四民論所提出的新觀點，即所謂「古者四民異業而同道，其盡心焉，一也」。這個看法的最新穎之處，是在肯定士、農、工、商在「道」的面前完全平等的地位。[81]

作為王陽明的大弟子，李贄在〈又與焦弱侯〉文中，雖然對孔孟、程朱作了強烈的批評，卻把商人的地位推到高峰。他雖然不像王陽明那樣，提出一個新四民論的鮮明觀點，卻也換一個角度，把商人和一般百姓的日用倫理與價值等量齊觀：「自耕稼陶漁，無非取諸人者。」「就此百姓日用處提撕一番。如好色，如勤學，如進取，如多積金寶，如多買田宅為子孫謀，博求風水為兒孫福蔭，凡世間一切治生產業等事，皆其所共好而共習，共知而共言者。」

這種重視商人，或者像其他幾位泉州學者一樣，把商人和各類型的人物、職業等量齊觀，寫入明末泉州歷史的視野，都是本書幾位主角的獨特之處。

前文中提到傅衣凌引用了李光縉《景璧集》和何喬遠在《鏡山全集》與《閩書》中，對安平商人的記敘，作出下列的論斷：「四十年代末，我為論述明代福建的海商，始知泉州的安平商人，亦是當時東南大賈之一，其勢力足與徽州商人相匹敵。」[82]

傅衣凌的上述論斷，無疑地是讓學者對福建海商和泉州安平商人的重要性，有了新的體認。但如果我們進一步分析，會發現泉州／安平商人固然和徽州商人有許多共同之處，但也有極大的差異。第一，明清徽商經營的商品，固然也是琳瑯滿目，但真正讓徽商成為明清大商幫的最重要原因，是他們壟斷了鹽的專賣。[83]第二，泉州商人和安平商人固然都以其家鄉作為發展的跳板，但都無法像明清徽商那樣，占據並重新營建了揚州這個重要的江南城市，並以此建立他們和康熙、乾隆的政商關係。[84]第三，不管是受限於城市的地理位置、規模、財富的多寡或文化傳承，福建海上和安平商人都無法像徽州商人一樣，以揚州為舞台，對戲曲和文化藝術活動，做出重大的貢獻。[85]

不過我們透過林希元、何喬遠和李光縉卓越的史識和豐富生動的傳記，看到泉州商人的各種類別，和他們買賣的商品。除了大量因為生活所需，棄儒從商，以及十二、三歲就出外經商的例子外，我們看到了在農業商品化的時代，務農致富或以陶致富的商人，我們還看到了在商業、仕途和儒學之間徘徊的特殊案例。更特殊的是，除了不同於徽商的海外商人外，我們還看到幾位嫁作商人婦的女性的生命歷程。這些傳記作品，一方面反映了福建、泉州以及安平的商業傳統和對商人的重視，更讓我們對晚明泉州豐富的歷史和人民的日常生活，有了全景式的觀察。

余英時先生在他的著作中，特別提到由於科舉名額的限制，棄儒就賈的現象在十六、十七世紀表現得最為活躍。[86]他並用了極大的篇幅論述商人和儒學的緊密關係，以及儒家倫理對商人精神和經商之道的影響。「由於商人自己和士大夫都開始對商業另眼相看，商業已取得莊嚴神聖的意義。」「商人也發展了高度的敬業和自重的意識，對自己的名、德看得很重。」「商人的『睦婣任卹之風』已使他們取代了一大部分以前屬於『士大夫』的功能。……商人社會功能的日益重要也反映在政府對他們態度上。」[87]

這些關於徽商的論斷，大體上，也完全可以用在泉州士大夫和商人身上。由於泉州號稱「海濱鄒魯」，儒家對商人會產生影響，理論上並不意外。不過經由這幾位士大夫的細緻記載，我們不但看到眾多棄儒從賈的案例，也清楚地看出儒學對泉州商人的重大影響，包括他們如何把儒家的倫理、精神用在他們具體經營的事業上。並在經商致富後，投身地方的建設和公共利益，充分發揮了「睦婣任卹之風」。

第四章　宗教

李贄在萬曆十六年（一五八八），六十二歲時，落髮為僧。根據他自己的說法：「其所以落髮者，則因家後閒雜人等時時望我歸去，又時時不遠千里來迫我，以俗事強我，故我剃髮以示不歸。俗事亦決然不肯與理也。」[1]他雖然落髮卻蓄鬚，既沒有受戒，也沒有守戒，到晚年依然未斷葷食，非僧非儒，不守清規，而受到詬病。[2]但這些都沒有影響到他學佛、修行的誠意。萬曆十二年，他的家眷被送回泉州後，他因為和耿定向不合，乃離開耿家，「隻身走麻城芝佛院」。[3]此後，又以一種寬鬆的方式，主持芝佛院。[4]他許多關於佛教和一般宗教的議論，都寫作於此。他的議論除了給人一種新鮮有趣的感覺，也和他關於商業的看法一樣，並非特別針對泉州而發，而是一種廣泛的論述。但放在泉州重視商業、號稱佛國的歷史文化傳承中來考察，正好若合符節。

林希元的理學立場和李贄完全相反，對佛教的看法也和李贄南轅北轍。不過在討論到地方官祈雨、城隍的特殊能力和鬼神、祥瑞時，除了「氣」之外，他使用的「虔誠」、「天人感應」，其實和李贄並無二致。

何喬遠對佛教的信仰，在下文引用的文章中，清楚地表現出來。如果我們把他主編的《閩書》也考慮在內，那他對宗教五花八門的現象，實在有著無所不好的胃口。

李光縉雖然偶爾顯露出儒者不語怪力亂神的不安，但在平實的廟記和碑文外，卻提供了大量光怪陸離的故事。將這些鬼怪神奇的記敘和作為官方文書的《泉州府志》中登錄的神仙、法術、妖怪合而觀之，我們真正看到了明末泉州人豐富的想像力和對超現實世界的愛戀。

虔信神明

李贄對宗教、鬼神的信仰，可以從他的鬼神論談起：「〈生民〉之什云：『厥初生民，時維姜嫄。……』朱子曰：『姜嫄出祀郊禖，見大人跡而履其拇，遂欣欣然如有人道之感。于是有娠，乃周人所由以生之始也。周公制祀典，尊后稷以配天，故作此詩以推本其始生之樣。』」李贄在此引用《詩經》中〈大雅・生民〉篇的文字，先重述了姜嫄履大人跡而生后稷的神話，然後藉著朱熹的註解來發揮他自己獨特的見解：「由此觀之，后稷，鬼子也；周公而上，鬼孫也。周公非但不諱，且以為至祥極瑞，歌詠於郊禘而以享祀之，而自謂文子文孫焉。」[5]周公不但不介意自己是鬼子、鬼孫，反而在祭祀祖先的大典上，歌頌配享。後代人諱言鬼神，其實是因為不曾和幽明界接觸，不了解鬼神的世界：「未嘗通于幽明之故而知鬼神之情狀也。」

更進一步，在李贄的建構下，不但周公明鬼神而祭之，孔子也盛讚鬼神之德，而說出「祭神如神在」的名言：「子曰：『鬼神之為德，其盛矣乎！使天下之人齋明盛服以承祭祀，洋洋乎如在其上，如在其左右。』『吾不與祭，如不祭。』『祭如在，祭神如神在。』夫子之敬鬼神如此。使其誣之以為無，則將何所不至耶？」[6]在這樣的解釋下，孔子是敬事鬼神的，一般人後誣他不相信鬼神，那還有什麼不敢做的？在李贄看起來，現在的小人之所以無所忌憚，就是因為他們不敬鬼神。「故又戒之曰：『務民之義，敬鬼神而遠之。』」[7]

現在不敬鬼神的人，在李贄看起來，問題都在他們不知道敬而遠之的道理：「揲蓍布卦，卜地選勝，擇日請時，務索之冥冥之中，以徼未涯之福，欲以遺所不知何人，其諂瀆甚矣。」他們用卜卦、擇地、請時等各種現實的手段，希望能在冥冥之中偷取不知邊際的福分。這樣的手段都是對鬼神的諂媚和褻瀆，完全違反了「敬鬼神而遠之」的根本要義。李贄在這裡用了非常微妙的論辯，說明只要在遠鬼神而敬之之後，就沒有鬼神不能為百姓做的事：「然則其不能遠鬼神者，乃皆其不能敬鬼神者也。若誠知鬼神之當敬，則其不能務民之事者鮮矣。」[8]

也許因為相信鬼神，又出家為僧，萬曆二十五年（一五九七）清明節，七十一歲的李贄在旅居北京西山極樂寺時，特別寫了一篇〈祭無祀文代作〉。從文章的內容，我們判斷這篇文章應該是他應極樂寺之請，在清明節時寫的一篇祭眾鬼文：「竊聞《阿彌陀經》等，《金剛經》等，諸佛真言等，眾僧為爾宣言，再三再四，皆欲爾等度脫鬼倫，即生人天，或趣佛乘，或歸西方者，誠可聽也。」[9]在文章一開頭，李贄就闡明祭鬼是自古以來的大事：「竊以生而為人，不得所依，則不免凍餒而疾病作。是古聖帝明王知而重之，……死而為鬼，不得所依，則誰為享奠而疫癘作。是故聖帝明王哀而普度，仁人君子憐而設饗。於是乎上元必祭，中元必祭，以至清明之節，霜降之夕，無不有祭。」明太祖依循這個禮法，規定在全國各地，從京師、州縣到鄉里，普設厲壇，祭祀無祀鬼神：「蓋我太祖高皇帝之所諄切，更列聖而不敢替者，又不獨古聖昔王相循已也。而後天下始無幽愁之鬼矣。……是故京則祭以上卿，郡則祭以大夫，邑則祭以百里之侯，至於鄉祭、里祭、村祭、社祭，以及十家之都，咸皆有祭。」地方官的職責則是前往城隍廟，拜祭城市的守護者：「而唯官祭則必以城隍之神主之。前此一日，本官先行牒告，臨期詣壇躬請，祭畢，乃敢送神以歸而後妥焉。」[10]

雖然從帝王、地方官到僧侶、神明、菩薩都努力要超度眾生，但從李贄的描述中，我們知道有些厲鬼就是堅持不願接受度化：「又聞地藏王菩薩發願欲代一切地獄眾生之苦，此夕隨緣在會，有話須聽。又聞面然大士統領三千大千神鬼，與爾等相依日久，非不欲盡數超拔爾等，第亦無奈爾等自家不肯何耳。今爾等日夜守著大士，瞻仰地藏菩薩，可謂最得所主矣。幸時時聽其開導，毋終沉迷，則我此壇場，其為諸鬼成聖成賢，生人生天之場，大非偶也。」[11]李贄的認真和對極樂寺一帶頑固眾生的苦口婆心，令人讀之不覺莞爾。

李贄對佛教的信仰，就和他落髮為僧一樣，剛開始還抱著姑且為之、姑且信之的態度，但在念經頌佛的過程中，他的信仰越來越堅定。下面這兩則因為念誦《藥師經》而治癒哮喘的記載，就是最好的例子。在〈禮誦藥師告文〉中，他先是抱怨自己兩年來，「病苦甚多」，並大約估計了一下人的平均壽命，認為像他這樣年過七十的人，「已是死期」，所以上天讓他自然死去，「乃為正理」。不賜以死，反賜以病，那應該是氣數未到，所以用病苦來折磨他，讓他「不得過于自在快活也」！他反覆用了三個理由，質問上天不讓他死的原因。既然找不到理由，只好返歸佛教的經典，並要求大眾幫他一起念經祈福：「聞東方有藥師琉璃光王佛發大弘願，救拔病苦眾生，使之疾病涅槃。卓吾和尚于是普告大眾，趁此一百二十日期會，諷經拜懺道場，就此十月十五日起，先諷《藥師經》一部四十九卷，為我祈求免病，想佛願弘深，決不虛妄也。」接下來，他要求大眾除了在法會期間幫他誦念《藥師經》一部外，並且要每個月初一十五，合念經文一遍。九個月下來，就可以念經九部：「嗚呼！誦經至九部，不可謂不多矣；大眾之殷勤，不可謂不虔矣。如是而不應焉，未之有也。但可死，不可病，苦口叮嚀，至三再三，願佛聽之！」[12]最後這句看起來有些可笑的話，像是講給大眾聽的，又像是對佛菩薩的苦口叮嚀。這篇文章，完全反映了這個時刻，李贄既相信又懷疑的心態。

這種猶疑不定的態度，在九個月後完全消失，取而代之的是虔敬感謝之情：「和尚為幸免病喘，結經謝佛事。念今日是正月十五之望日，九朔望至今日是為已足，九部經于今日是為已完。」根據他自己的說法，在誦經兩部後，他的喘病就減了九分，再誦不到四部，就已經可以吃素。「齋素既久，喘病愈痊；喘病既痊，齋素益喜。此非佛力，我安能然？雖諷經眾僧虔恪無比，實藥王菩薩憐憫重深，和尚不勝禮謝禱告之至。」[13]僧眾固然虔誠誦經，但如果不是藥王菩薩的加持，大概也不會有如此的結果。由於自己的親身經驗，李贄在同一篇禮謝文的後半部，隨即提到有一個小和尚常通看到藥師如來的佛力，也立刻發心，「隨壇接諷」，希望藥師佛也能保佑他的瘡口早日癒合。

緊接著，李贄又再幫這個小和尚寫了一篇告文，希望在他的重重懺悔和禮拜以及同寺僧眾的同心協助下，能夠同樣獲得佛菩薩的加持：「龍湖僧常通，為因病瘡苦惱，禮拜水懺，祈佛慈悲事。重念常通自從出家，即依三寶，叵耐兩年以來，痰瘤作祟，瘡疼久纏，醫藥徒施，歲月靡效，咸謂必有冤業，恐非肉眼能醫。」可憐的小和尚出家兩年以來，就一直為痰瘤、瘡疼所困，病情顯然比李贄嚴重很多，藥石罔效。只好依照佛教的解釋，認為是冤業所致。既然人力無法探知解決，就只能虔誠地希望佛菩薩憐憫施恩：「伏願大慈大悲，曲加湔刷；大雄大力，直為洗除。法水暗消，瘡口自合。此蓋佛菩薩憫念保持之恩，與眾弟兄殷勤禮拜之致也。」[14]

李贄在這裡，從一個佛教徒的身分，為我們揭示了虔誠誦經的法力。這樣的見證出自他這樣一位知名學者和僧侶之手，影響力可說是立刻顯現。也為我們留下一份有趣而難得的誦經治病的歷史文獻。

李贄在移居芝佛院之後，將寺院的規模慢慢地擴充：「龍湖芝佛院佛殿之後，因山蓋屋，以為卓吾藏骨之室。」蓋這個後殿的居所時，李贄去了湖廣會城，由居士和常住僧常中，和前面提到的常通等人，「告神為之」。李贄回來後，又向神明稟告，添蓋了兩個廂房和前廊邊兩廈。在安置好各個佛菩薩的塑像後，李贄特別寫了一篇〈移住上院邊廈告文〉。[15]在佛殿、塔屋和神像都安置妥當後，他又特別寫了一篇〈告土地文〉，既詳述了興修的工程，也特別塑造了一座土地公的坐像，一方面感謝祂從動工以來的保佑，一方面也希望祂能如一般民眾所相信地執行祂的公務，並長相守護這座寺廟和基址：

> 自庚寅動工以來，無日不動爾土，無歲不勞爾神。唯爾有神，凡百有相，遂使群工竭力，眾僧盡心，以致佛殿告成，塔屋亦就。目今趺坐直上，則西方阿彌陀佛一軀也，金碧輝煌，宛有大人貴相矣。

芝佛院群殿，從萬曆十七年（一五八九）開始動工，土地公好像一個有法力的監工，讓工人竭力，僧眾盡心，終至完工，阿彌陀佛像趺坐上方，護法分列兩旁，又有觀音、勢至唱導於前，文殊、普賢啟迪於後。對這座坐落在千丈懸崖的佛院，李贄顯然有無比的歡欣和信念：「黑海有門，唯法無門，現普陀於眼底；上天有路，唯道無路，睹靈山在目中。……則卓吾之廬，即是極樂淨土；龍湖上院，遍是華嚴道場矣。此雖仗佛之賜，實亦爾相之能。」為了感念土地的辛勞和功德，所以特別在各個佛菩薩的坐像外，「特塑爾之神，使與司命並列。虔恭致齋，不酒不肉；殷勤設素，匪葷匪腥。唯茶果是陳，只疏飯以供。名香必爇，願與司命齊意；好花用獻，當聽韋馱指麾。有惡則書，見過速錄。細微畢舉，毋曰我供汝也有阿私，小大同登，毋曰眾汝敬也而有偏黨。幽明協贊，人神同欽。則爾土有力，帝將加升，長守此湖，永相依附矣」。[16]

在這篇細緻有趣的〈告土地文〉中，李贄固然反映了民間對土地公功能、職責的一般看法，也同時反映出自己的喜好。大概正因為李贄自己葷腥不忌，為了怕引起土地公的誤會，所以反覆陳明不酒不肉、匪葷匪腥，虔誠、殷勤地以齋飯、茶果、名香、好花來恭敬拜神的事實。他也特別強調自己的敬神毫無藉此賄賂的私心，一切都由土地秉公、按例處理。希望因為祂的護持，而能夠「長守此湖、永相依附」。殷切的誠意，真是神人共鑒！

李贄另外還有一篇〈闢王告文〉，[17]表達對關公的無盡崇拜之意，並以他論述史事的特長，特別對擊敗關羽的呂蒙加以醜化：「然公雖死，而呂蒙小丑亦隨吐血而亡矣。蓋公以正大之氣壓狐媚之孤。」[18]不過由於何喬遠和李光縉都記載了關帝在泉州的靈驗事蹟，所以就此略過。

容肇祖在《年譜》中罕見地提到李贄祀火神的經過，特引述如下。萬曆五年（一五七七），五十一歲的李贄，以南京刑部郎出為雲南姚安府知府。袁中道在〈李溫陵傳〉中，簡單地描述了他的為官之道：「為守，法令清簡，不言而治，每至伽藍，判了公事，坐堂皇上，或寘名僧其間，簿書有隙，即與參論玄虛，人皆怪之，公亦不顧，祿俸之外，了無長物。」[19]李贄在寺廟裡面判讀公事，又邀請名僧參與其間，並與之「參論玄虛」，確實是包括現代讀者都感到奇怪的舉措。原因之一，也許是因為姚安正值兵後，滿目瘡痍，[20]官署破壞，只好在寺廟辦公。以李贄的個性和學識，和和尚參玄論道，大概也不是特例。

就在知府任內，「姚安民數被火災，贄為壇祈禱，遂免。乃建光明宮於城東門外，以祀火神」。[21]李贄雖然這時還沒有成為佛教徒，但他對鬼神、神明的信仰，應該早已存在。和其他對宗教採取敵視態度的地方官不同，李贄不管是基於宗教信念，或是民眾福祉，設壇、建廟、祀神，其實都不讓人意外。

批判佛教與僧侶

林希元在哲學立場上和李贄南轅北轍，在宗教信仰上也同樣大異其趣。林希元一方面強烈地批評陽明學，認為相對於朱子如百煉之金，今日的陽明學則是「以銅而包金者」，[22]「陽明之說蒙昧不通，後誣前賢」；[23]一方面又站在人倫、情欲的角度，批判佛教：「按，釋氏之教必斷情欲，絕倫類，此豈人可能之事？後世為其徒者，豈真能灰心槁形以從其教哉？」在他看起來，佛教徒，特別是僧侶的最大問題，是貪圖利益：「皆竊其名以資貪利，此其禍所以根固而不可搖，流漫而不可止也。而南北之僧又不同：北方之僧則逃貧乏，南方之僧則利富腴。逃貧乏者無大利，去之也易；利富腴者大利所在，去之也為難。」[24]北方的僧侶因無大利可圖，容易禁絕，南方的僧侶，利之所在，要禁絕就非常困難了。

林希元在嘉靖九年（一五三〇）被拔擢為南京大理寺右寺丞，在第二年到任後，他除了〈謝恩疏〉外，還寫了一篇長達三萬多字的〈王政附言疏〉，列舉了二十一條治國之大道，是仔細讀了嘉靖的敕諭後的回應。其中第十一條「闢邪」，是因為沉迷於道教的嘉靖皇帝在聖諭中說：「誤農害義，莫甚於釋氏之徒，今尤甚焉。夫彼不過以生死恐吾民，小民愚甚，直信無疑，浸浸然而不知省，遂至傷倫敗俗，廢人事，舍農桑。甚是有害世道。」朝廷雖然保持這樣的態度，但也深知佛教在民間的影響力，如果驅迫太急，必招致反彈。所以朝廷以人頭作賞格，凡是地方官能使這些信眾「舍非從正」、「還俗生理」者，「如一府中有能正二百人以上，州一百人以上，縣六十人以上者，巡按御史察其賢否，亦奏來以憑考課，欽此」。[25]由於嘉靖指名批判佛教，林希元乃藉此大發議論。林希元因為這道諭旨，特別說明南方僧侶去除之不易：

南方之僧雖起於貧代，而所圖則易，頭髮一落，田園連阡，富擬封君，坐享輕肥，間有身居僧寺，志在塵垢。陽雖削髮為僧，陰實置妻生子，又有贖典僧田，營植私產，家計既立，僧籍遂除，是其利富腴者然也。夫為僧而獲大利，與不為僧而受寒飢，苦樂正相遠也。使民去大利就飢寒而不為僧，雖日殺數人不可得也，況虛言能勸誘之乎？此去之所以難也。

所謂「頭髮一落，田園連阡，富擬封君，坐享輕肥」，寫得其實頗為誇張，大概只有一些大廟的大和尚做得到。李贄的芝佛院在武漢附近麻城的千丈懸崖上，顯然不是田園連阡，李贄這個異端，自然也不會坐享輕肥了。林希元這裡所講的藉出家而將僧田轉為私產的情況，到底有多普遍，我們不得而知，不過南方耕田比北方容易取得，出家變成一種營生乃至致富的手段，看起來也是可能。出家能夠獲得大利，不出家就飽受飢寒之苦，所以即使每天殺幾個人示警，還是沒有辦法阻止。

根據林希元的描述，佛教以清淨寂滅為道，連自己的形骸都看成一種拖累，原來並沒有僧田的制度。是五代之際，朝代更迭，屠戮不斷，當權者乃「割膏腴於釋氏以求福田。僧之有田自此始」。一旦有了僧田制度，各種惡果就跟著出現：「僧既富腴，則豐侈恣肆靡所不至，棄父母，淫子女，結官府，構爭訟，皆所必有，至使富鹽匠籍人家長子爭趨其利，冒禁、詭籍、買庇里胥，越州縣而為僧，不可禁遏。甚者四方無籍亡命之徒依之為窠穴，為奸為盜，不可窮詰，其害豈但若聖諭所謂誤農害義，傷倫財俗而已哉？」[26]林希元也許在這裡把所有最極端的例子放在一起，但到底反映了多少普遍的實情，還有待研究。不過他接下來對僧侶的控訴，其實是相當偏頗的儒生的看法：「故世之有僧，治之蠹也，僧之有田，田之蠹也。」

接下來，他回到歷史的陳述：「本朝於僧田節有事例，令僧、道田土每寺、觀皆六十畝，其餘給無田小民，成化十六年也。奏准福建僧田每寺皆六十畝，其餘變賣入官者，正德十一年也。」他給嘉靖皇帝的具體建議則是，依照這些前朝的事例，酌情辦理：「江南僧田每寺量留百畝，其餘盡令還官，不給小民，不必變賣。」原因是僧田本來就是由民眾在耕作，把田轉給無田小民，只會製造更多紛爭，「變賣則利歸勢富」，所以歸官是最好的解決辦法。「僧人既無所利，然後責令有司遵照聖諭，勸化僧人使之歸正。每僧量留田二十畝與為世業，則彼來無所獲，去有所歸，而僧之去也不難矣。」[27]如果每個僧人只能擁田二十畝，出家就不是一個謀利的手段，自然就不會成為一個重要的選項。

林希元對寺廟的敵視態度，在他於廣西欽州知府任期屆滿後，把拆除神像變成政績之一，可說是身體力行：「城南游魚洲之北，岡巒隆起，四水環抱，諸峰獻秀。上有東嶽神祠，歲久將壞。予報滿當去，憶蘇東坡：『鴻飛那復計東西』之句，乃毀神像，即其祠重葺之，改為鴻飛亭以寓予跡，率師生士夫投壺飲酒而樂之。」他把東嶽神像毀掉，改成鴻飛亭以紀念自己留下的蹤跡，頗有些狂妄。不過他顯然非常得意這個亭子變成當地人和遊客送往迎來的觀光景點。

他毀掉的寺廟和神像，還不只這一處。城東有一座真武廟：「棟宇將頹，乃毀神像與廟作城隍廟。」「憲副林公舊無祠，毀五顯像，以其廟為祠。」「城東門外演武場之東有玄妙觀，後建真武祠，州人崇奉甚嚴，予惡其惑民，乃毀像葺祠以奉林公。」將一座州民崇奉不已的真武祠，以愚惑民眾的藉口，說拆就拆，可以看出他和有些地方官一樣，對民間信仰——不論是否淫祠——的敵視態度。[28]

回到林希元的故鄉泉州，他對於當地祠廟之盛，只能感慨繫之：

自王道衰，夷狄之教行中國，世主復從而崇長之，琳宮梵宇遍滿天下矣。然未有若吾泉之盛者，而田連阡陌，亦惟吾泉為然，故泉南古稱「佛國」。永春一縣，在宋為寺六十八，結庵棲巖不與焉。[29]

方志和其他記載中引以為傲的「佛國」，在這位程朱大儒眼中，正表明了王道之衰。他前面對寺廟占田的描述，大概相當程度是根據泉州的經驗。前面所說的五代時期，主政者為彌補屠戮生靈的惡行，爭建祠宇，廣植福田的盛況，顯然也是以泉州為基礎：「考之宋邑令黃瑀《惠民寺記》，謂五季迭興，偏方離析，全閩之地，王氏得而有之，干戈相尋，略不休息。將佐晚年，悔於屠戮，爭建祠宇，盡割膏腴求為福田，僧徒日熾，甲於天下。」「噫，佛之所以盛於泉南者以盤，豈非王道之衰哉？」

好在當林希元寫這篇文章的時候，永春寺廟、道觀的高峰期已過：「今考永春僧寺，僅存者十六，其田糧或歸諸民。至於道觀、神宮、淫祠者類，長民君子間漸毀之，或為書院，或為社學，邪正盛衰，於焉見矣。」[30]廟宇拆除，改為書院、社學，正是林希元所最樂見的發展。

祈雨與天人感應

林希元雖然對佛教和僧侶無比敵視，但對地方官祈雨，則樂觀其成，並給了不同的解釋。在他的《文集》中，有好幾則關於祈雨的記載。嘉靖十七年（一五三八）他在欽州做知府時，從春天等到夏天，就是乾旱不雨，穀物不生，「余懼，率僚屬師生耆老禱於境內山川、社稷、城隍諸神，三日不雨。又三日，凡境內之神罔弗禱，又不雨」，所有的神明都祈禱過了，一點反應也沒有。驚懼自責的林希元，穿著素巾、白衣和草鞋，屏退僕人、馬匹，「徒步率僚屬沿途以拜」。他的誠意終於感動天地：「已而陰雲漸起，若有雨意。明日如之，雨意漸盛。三日如之，禮未終陰雲四合，甘雨大沛，四郊霑足。」讚美他的士大夫說以前的官員祈雨，即使到了鞭打巫師的地步，上天還是沒有反應，「此侯積誠之所致也」。林的回答是：「或偶然耳。」[31]

林希元的回答，倒未必完全是客套，因為他也不確定雨最後是如何下來的。第二年，他原來的僚屬升官，到高明做府尹，夏天苦旱如欽州。高明的人民狡猾而健訟，但因為知府虔誠地祈禱，八、九天後，終於普降甘霖，士大夫為了感念府尹的虔誠為民，「共為詩章歌頌其事，裝潢成冊」。林希元讀後，感歎道：「天道幽遠不可測，知感通之理未必其然。」現在看到欽州和高明的例子，才覺得感通之理，大概是真有其事。[32]

此後，他又記載了嘉靖二十九年（一五五〇）和三十九年（一五六〇）同安等地縣官祈雨的例子。[33]這個時候，林希元已經能將程朱理學「理一分殊」和「天人感應」的理論發揮得非常成熟：「有問於余曰：『前茲縣官禱雨，有既久而後應者矣，有既久而卒不應者矣。何我公有禱即應之若是乎？』」答案很簡單：天人之間確實有感通之理，就看當事者如何表現了！天人之間有感應，人物、鬼神也是以一氣相通：「一氣散為萬類，天地、人物、山川、鬼神，其分雖殊，其氣一也。」「匹夫匹婦同而無間，尚能動天地感鬼神，況天子天下之主，郡守一郡之主，縣令一邑之主，生民之脈關焉。……是故桑林祈禱，甘霖大沛；……彭侯之禱雨而即應也，可以求其故矣！」[34]

在這幾篇祈雨的故事中，都詳細描寫了地方官各種虔誠的行為，讓甘霖普降。但只有在為從小被稱為「譚異人」的譚瓶臺寫的序文中，具體提到上帝的反應，並且對同安在嘉靖三十九年的慘況，有鮮活的描述：「同安連被倭奴之禍，嘉靖庚申春，東作方興，雨復愆期，自三月辛卯一雨，農皆播種，繼是不雨，至於四月，穀之苗者欲槁。未播者田如龜裂，四野皇皇，穀價日湧。」人禍繼之以天災，導致「田如龜裂」、「穀價日湧」。縣令在這樣讓人絕望的場景下，悲慟地出場：「丙午，邑侯瓶臺譚公乃齋戒沐浴，率僚屬師生耆民禱於皇天、后土、雷霆、風雨、嶽瀆諸神，曰：『嗚呼！郊多白骨，既室家之難完，野無青苗，又俯仰之何賴，是皆余不職所致，百姓何辜！』」憂心如薰的邑侯，「求虞於旻天上帝」，「帝心感動，牒初發而夕陰雲四布，雨連夜達旦，苗之欲槁者復青，穀之未播者獲播」。[35]也許是郊多白骨、野無青苗的慘烈現實，喚醒了虛空的上帝。縣令的告天牒文初發，傍晚就陰雲四布，被感動的上帝又為同安帶來了生機。

林希元的怪力亂神

除了用天人感應和理氣之說來解釋祈雨外，林希元又有幾篇文章講到祥瑞、堪輿、顯靈和感動鬼神，都超過了他簡單的感應之說。譬如在幫卸任的泉州知府北潭熊公寫的〈考績序〉中，他歷數了熊在任內的各種貢獻：嘉靖三十六年（一五五七）端午節，民宅被火，「公向火叩首，即反風滅火」，聽起來真是無比玄妙。「冬，馬騮祟作，公牒城隍驅之，旋則廓清。」城隍的無所不能，功效之快，確實讓現代人難以想像。林希元在結論中總算沒有再套用他那些曲曲折折的理論，而是簡單有力地直指核心：「此則公之異政已動天地感鬼神矣。」[36]

嘉靖三十七年（一五五八），正是倭寇大亂之際，同安因為當利害之衝，要找一個合適的地方官並不容易。當道最後相中了廉新溪公。在「兵非素練，民非素撫」的關頭，「春三月，倭寇數千攻同城」。新溪李公率領士兵分城而守，晝夜巡視、督導殺敵，倭寇始去，「一城數萬生靈，賴以生全」。其後經過反覆的拉鋸戰和不停的大雨，城牆到處坍塌，最後還是因為縣令身先士卒，守土有方，得以度過艱難的考驗。這個時候，儒學諸生把城牆和堪輿的問題搬出檯面。他們指責前任縣令為了禦賊而修改城垣，儒學欞星二門變得越來越狹隘，犯了堪輿家的大忌。諸生因而建議把城牆拓建為長五十丈，深二丈。「公即任之不辭，捐白金三十兩以為之倡，餘令師生措處，以成厥績。」事實上，同安從有縣學以來，學門就一直有「病於斗」的過於逼迫的問題：「前人精於地理者，至去其雉堞，立亭於上，謂之『觀瀾』，蓋不得已之故也。」「自因賊築城而門益斗，諸生始有是議。」在林希元看起來，抵寇以衛生民，還是一時之功，「改城以盛人才者，萬世之功也」。[37]對大理學家林希元來說，地方官員有各種各樣的職責，但真正最重要的還是堪輿之術。

一旦把理氣之學拋諸腦後，林希元就可以馳騁其想像於神異的世界。從泉州的堪輿，他可以一下又回到漢代的祥瑞：「鱗瑞亭，春官子部黃子子昭故藏脩處也。」鱗瑞亭本來只是一個普通的亭園，讓黃子昭的父親釋官後，有一個修養遊覽的地方。亭子旁邊有池塘，養了一些魚。正德五年（一五一〇），「忽一魚青變而黃矣，又漸變色如玳瑁，玳瑁又漸變色若金。由是三色代變若循環焉」，就這樣三種顏色變來變去，經過正德六年（一五一一）、八年（一五一三），都穩定沒有更改。「識者謂黃子曰：昔白魚入舟，周室以興。雀銜三鱣於講庭，楊震氏相。」魚、鳥的奇怪舉動，不是造成了周朝的興起，就是讓楊震入相。黃家池塘裡的魚，三變其色，中間大有文章。它的應驗，就在「藏脩之亭」，就在黃子子昭。

果不其然，黃子昭在正德八年「升於鄉」，九年（一五一四），「升於司馬」，「論今官，謂魚足徵也，故以『鱗瑞』命諸亭，寵瑞也」。[38]這當然可以看成是有學問的人的「迷信」了。

在所有這些怪異的記載中，最讓人震撼的，莫過於他祖先顯靈的故事了！「惟公生當宋室隆盛之時，負卓偉之才，抱經濟之學，發跡賢科，立功王室，澤及生民，名登外史，沒葬此山，祀在鄉賢。」但讓人悲哀的是，雖然這位生於宋代，有功於王室和民眾的先人，「祀在鄉賢」，但他死後，家道中落，子孫四散，住宅為郭氏所據。在林希元看起來，房舍的更迭，「殆無足恨」，最可恨的是這位先人的墳墓也被郭家所毀，「使子孫睹離黍而興悲，行人望荒臺而洒淚」。[39]

自從先人的墳墓被毀壞後，有「夜見幞頭紅袍散步於園中者，有夜見幞頭紅袍危坐於堂上者，驚傳以為怪」。如果照文意的推斷，在墳墓被毀後，幾百年間，常有人在晚上看見一個帶著宋代幞頭帽，穿著紅袍的人在園中散步，或是正襟危坐在大堂上。林希元又回到氣的理論，解釋像他先人這樣的魁雄奇卓之士，「稟賦厚，用物宏而取精多」，他渾厚的靈氣自然會歷久而不散，大家看到而驚以為怪的其實正是先人的英靈，而不是什麼鬼怪。像他這樣的一代英才，不幸橫罹事故，以致形跡被毀。英魂沒有妥善的歸宿，不是激為妖風怪物，就一定會「顯其靈見其異」，以洩其心中不平之氣：「公生於趙宋，於今四百有餘年，其氣猶未散。墳墓發於豪強，體魄被毀而神魂無所歸，宜其憤激不平而時顯靈見異於屋梁星月之下也。」[40]

林希元比這位先人晚了五百年出生，歷經各種官職，中丞的位置未蒙許可。一個晚上，突然「夜夢公被髮，水溢其穸，厥色灰白，而官隨謫，繼以廢居，始知祖孫一氣有以相通，顯晦者以相關，非偶然也」。由於我們沒有更多的資料，只能根據這裡的文意，推斷林希元在這次夜夢之前，很可能並不知道這位先人死後的遭遇，墳墓被郭姓豪強所毀，遺體也被破壞，成了無主的孤魂。大概是在夜夢和被貶官以後，林希元才慢慢發掘出這位先人的歷史。[41]

知道了這位先人悲慘的下場，林希元才率領子孫到郊外祭拜：「茲率子孫，具牲醴，望荒丘一祭，并以情告。願公英靈益顯，陰扶默相於冥冥之中，務使墳墓可復，神魂有歸，則公憤激不平之氣可洩，而子孫元等之責亦盡矣。公神在天，鑒此血誠。尚饗。」[42]林希元大概不確定自己是否可以獨力修復先人的墳墓，只好祈求先人「英靈益顯」，在冥冥中扶持，讓他們能早日修好墓地，讓先人神魂有歸，也可以一洩幾百年來的「憤激不平之氣」！嗚呼，哀哉！

開花見佛

和林希元不同，何喬遠信仰佛教，也相信鬼神之說。事實上，何喬遠在嘉靖三十七年（一五五八），就是在一個神話環繞的異象中出生：「師以嘉靖戊午八月初二之午，產於贈侍郎公安成學舍先夕，母林太淑人夢安成城隍鼓吹導送而生，異香滿室。蓋時贈公五十三，太淑人四十二也。名師為福城葆。」[43]這個由縣城隍爺鼓吹先導，親自送來，被暱稱為「福城葆」的嬰兒，一直到身上的痘子癒合後，「太淑人恍惚中見二侍者跪伏謝去。稍長，奇偉不凡」。另一個門人對這段神話有另一番生動的描述：「林太淑人夢城隍鼓吹呵導，抱一兒至室，寤而誕先生，故小名呼為福城葆。廣額豐頤，雙瞳如電，靖江公知為英物。」[44]他的父親對這個「雙瞳如電」，由神明送來的兒子，疼愛有加，常常放在膝上得意地說：「亢吾宗者，必此子。」五、六歲，就開始教他寫大字。因為沒有古帖可以臨摹，就去市面買了相傳是顏真卿寫的〈麻姑仙壇帖〉，讓他練習。[45]可以說，何喬遠從小開始，除了正規的典籍外，也同時接觸了神怪的傳統。

在何喬遠寫的頌讚文中，除了前述讓人驚豔的〈番薯頌〉外，下面這兩條短詩，也讓人喜悅歌頌：

〈山寺紅菊頌〉

如來不動尊，現此大瑪瑙。眾生墮劫塵，化作一坑火。[46]

〈山寺黃菊頌〉

世人不知佛，但看佛生面。我以法眼觀，朵朵是宮殿。[47]

與呂純陽

雖然說何喬遠信仰佛教，相信鬼神之說，但在文集中看到他親自記敘和呂洞賓的交往經過，還是有非常超現實的感覺。

萬曆四十六年（一六一八），何喬遠在安平停留，陳周士也來到青閣十一天。陳周士會來此，純粹是應呂純陽之命，來邀請何喬遠。事實上，陳已經奉命邀請了好幾次，都被何拒絕。這年年關前，何來到安平：「予以月之二日至。先生示乩，以十八日行，蓋半月也。」待了幾天，何喬遠說已經是殘臘之時，他應該走了。呂純陽回道：「『當作十日飲。』至十日，明當行，先生再留一日。再以請，再不許，謂：『周士取予與何先生及諸子連日所作詩為我彙之，請何先生作一傳。』」[48]雖然賓主日日飲酒盡歡，但呂純陽希望何喬遠就他們連日的詩作寫一篇傳再走。

何喬遠說呂純陽的傳記「流傳人間久矣」，再寫一篇有何用處？「先生曰：敘吾所來閣中與諸君游者耳。」予曰：「先生幸示意。」「曰：自予居此閣，閣前後晨夕多風露，餘則諸子能言之。」根據陳周士的進一步解釋，我們知道作為一位神仙，呂洞賓已經利用青閣的晨夕風露，對果木花卉加工，讓它們能提早結實、開花。話題來到呂的神仙之術，何喬遠也誠實地說出他最後願意來此和呂純陽見面的原因：「予始見先生，謂先生以乩靈前，知人禍福吉凶而已，所挾以請先生亦以此。顧先生殊不喜作此。」[49]

等到二人詩酒流連數日後，呂純陽終於有條件地答應何喬遠的請求：「予始至，先生酒我，詩一句，命我酒一杯。又一夕，見先生喜書甚，而予心尚以吉凶禍福來，先生一日曰：『子求我，我求子為我作一贊。』贊成，先生大喜曰：『我守真人也，子守神人也，子異人也。』」於是，何喬遠開始問他關心的吉凶禍福：「予因問先生真神之義，以漸及於天地之所以流行，日月之所以懸明，雨露風雷之所以變化。先生無不極其詳悉。」學識淵博的何喬遠問了只有神仙了解的問題，得到的答案，和人間所傳說的稍有差異。接著，從天道，他一步一步地問到歷史、現實，特別是談到沉迷於道教的嘉靖皇帝時，得到最詳細滿意的答案：「因而為予道往古來今及當世行事之迹，無不詳盡，語及神仙之事於世廟時為詳，予益服先生，而所挾吉凶禍福之心都盡矣。」[50]

呂純陽喜歡作詩，雖然文字不如人世之工：「至其用典使字，上極上天，下極人世，上天則人世所不知，人世則耳目未睹記。」所以神仙還是有常人所不及之處。但當他放筆長歌時，氣勢雄壯，真宰淋漓，有時為憤世嫉俗之語，又不像是「神仙邃養中人也」。何喬遠和呂純陽一起相處了十天，「先生作詩甚多，將別，作《樂樂長歌》三章，皆步一韵，余所謂氣勢雄壯，真宰淋漓者也。其末章云：『余雖神仙人，不離宗丘軻。』余益見先生所養之純、所學之正有未易以語人者。」

最後呂純陽說了一句他最有資格講的話：「使天下無仙人則不成宇宙，使天下都學仙人則不成人道。」「此又豈以荒唐幻冥教人者耶！」[51]

至於那篇讓呂純陽讀後大喜的〈像贊〉，我們只能選擇性地擇要而讀：「先生風標開雲日，峨眉天表一丈雪。檀旃香起翠柏流，有心無相靈鑒徹。昂藏軒舉偉丈夫，……東家留住西家在，南天遊戲北天越。」何喬遠極其恰當地呈現了一個儀表軒昂的神仙的架勢和能耐：「李白天仙但縱言，先生道我同概節。我若以我譬先生，行天游龍偶寒鱉。……過江履海飛洞庭，此是先生小生活。」從何喬遠呈現的呂純陽詩酒長歌的個性和氣魄，在中國的詩人中，大概真的和李白最為接近。

有趣的是從文章的副標題中，我們知道這篇〈像贊〉是呂純陽降乩時要求何喬遠寫的：「乩示：『汝問我，我托汝。』予問：『何托？』曰：『為我作一像讚。』成呈祖，復乩批曰：『超朗其音，盡仙之境，得天之趣，爾雅而秀。如四時之長春也。』明日又取看，批云：『如同詞援而出，何戀戀也。』」[52]所謂「盡仙之境，得天之趣」，表達了呂純陽對這位淵博的大學者對仙境描述的高度讚美。

夜夢蘇東坡

在《泉州府志》之〈拾遺〉卷中，收集了許多怪力亂神的記載，比較特殊的是從李光縉的《景璧集》中，轉載了李光縉自己寫的〈奎宿真夢〉，[53]描述了李夜夢蘇東坡的特異經過。

萬曆三十一年（一六〇三）中秋，李光縉北上，經過三座山頭後，船由芋源出發：「是夜，月鏡中天，江水浩瀰，上下一碧，漁舟往來。」「余推篷出舟，爽然獨立，更靜四虛，隔岸之山壁立千仞，草木如見。」看著兩岸的山光水色，興致高昂，益發不能入睡的李光縉，開始朗誦〈赤壁賦〉江上清風與山間明月之句，「徘徊佇思者久之」。後來總算進入船艙中「挽席就寢」的作者，夢到在自家廳室前：「有一紫衣童子手握藍袍，倉皇外來，報余曰：『宋學士至。』」滿是疑問的李光縉問道：「哪一個宋學士？」童子曰：「眉山蘇學士也！」[54]

驚訝不已的李光縉，趕快走出門去迎接，蘇軾卻已經「屨及門之內矣」。兩人互相謙讓了一番，分別由左右進入：「俯仰之間，先生角巾藍袍，皙面美鬚，高眉長目，秀爽照人，而舉止雲翔，有徜徉物外之意。」這一番描述，完全符合我們對這位千古風流人物的想像！雙方揖讓既定，充滿好奇的李光縉開始發問：「余揖先生，曰：『小子後生，何辱臨況？』」蘇軾笑道：「特來相謝。」「子能識紫陽之言，又能識吾之言，是以來謝。」顯然蘇軾是為了感謝這位千古的知音，在幾百年後，穿越陰陽，來到李的夢中。

即使是在夢中，東坡居士也沒有忽略世俗的禮數，指著他所攜藍袍與几上綺繡說：「持此報知己耳。」至此，李光縉開始深刻地思考，蘇軾所謂「識吾言者」，到底是什麼意思呢？我真有談論他的文章，能讓他稍微覺得和他的意思契合嗎？「不覺竦然，乃下拜曰：『小子縉敬領先生之賜。』先生曰：『子既識吾言，吾當為汝師。』余大喜曰：『小子私淑先生久矣，不幸而不生於先生之世，及先生席，北面之。今而得受衣缽於先生，此小子之大幸也。』先生曰：『然，可拜我。』余西向拜，先生東向揖。』」

本來是一則夢中的神話，但劇情至此急轉直下，開始帶著一些鬼話的色彩。關鍵在：蘇軾說，拜師必須有拜師的禮物：「汝贄安在？」李光縉恭敬地彎下身來說：「不能卒辦。」蘇軾似乎也不著急，說把你的手伸過來。李依令拉開袖子到上臂：「先生握余手，因取袖中剃刀削予肱皮下至腕長四寸許，闊如二指大。余驚視，皮去而膜猶存，血不能濡，朱紅隱見膚間，而痛不可忍也。先生取而藏諸袖中，曰：『贄如是足矣。請與子別。』」[55]兩個人都是溫文儒雅的書生，一個還是赫赫有名的大文豪。但蘇軾在這個夢裡的表現，比《水滸傳》裡歃血為盟的宋江等人還要粗暴，讓人訝異不已。李光縉雖然「痛不可忍」，看著蘇軾削去了他手臂上的一大塊皮作為贄脩，還要裝著若無其事地請求蘇軾留下來，繼續教導他。

但已經拿到回禮的蘇學士，覺得已經完滿達成任務：「移步出廳事，降階及庭。」「停雲而上，踰屋脊，映奎度以去。」「余遂覺，開舟仰天，但見奎星爛霄漢間云。」最後被噩夢驚醒的李光縉，還是客觀地作了評論：「余何足以師先生？先生之人，天高海闊，先生之文，行雲流水，嬉笑怒罵，咳唾文章，所謂千載一人者也。余何足以師先生？」[56]

關公護持

呂純陽是在民間普遍流傳的八仙之一，而關公在民間的影響力，可能還遠遠超過呂洞賓。我在為冒襄、王士禎和甘熙等人寫的傳記中，都寫到他們對關帝信仰的虔信。[57]何喬遠在此應里人的請求寫的這則倭寇之亂中的關公神威，在倭亂的相關文獻中，還很少見及，彌足珍貴。

故事的主人公張守化，是泉州的世族，他的祖伯父中過進士，也算是出身讀書仕宦之家。「公十歲而孤，與其兄奉母黃至孝。時家則貧甚。」張守化十七歲時，就開始在里中做塾師，用所得的微薄薪資侍奉父母。「母病沒，公侍湯藥具殯殮無不盡。」不幸這時泉州碰到倭亂的進襲，他的兄長陷於賊手：「賊捉人索贖金急風火，不者則盡命。則公家故無有，起而索篋中，僅束修遺與贈安人簪珥在耳。」張守化不得已，逼問自己的妻子：「吾兄有難，子吝脫妝耶？」他的妻子回答道：我恨我的妝飾不能脫下來救你的哥哥，「苟可以脫，而以脫君之兄，雖千百奚愛焉」！公則出其束修遺與贈安人妝往。此時張守化尚未舉比部君，諸宗老皆勸勿往，曰：「而父僅而兄弟二人，奈何並命為？」

雖然族人以張家就此兄弟二人，紛紛勸阻他前往救兄，但他說這是繼承父親的遺志，「夫此皆吾父陰德在，往必亡害」，慷慨即途，諸宗老送之。在準備這次的救援任務時：「公行，挾關將軍香火夾袋中，結贖金肘後身懸鶉之衣中途遇他盜，亦不信公無有，脅索之，則果無，忽有異香從空下，盜怪之，去。去而達賊壘，賊少其金，公淒愴哀慟，賊輩為之感歔，相顧曰：『此孝禮也。』縱之歸。」他們走不到三里路，賊壘被官兵所攻破，「陷賊人盡見殺，公獨與兄生還。人以是益嘆公，且服公稱父陰德不爽」。[58]這個時候的泉州，完全是失序狀態，張守化帶了贖金，不幸在途中又碰到其他盜匪，強索財物。關公適時介入，從空中降下異香，嚇走了盜匪。而被張守化感動的倭寇在收了孝禮後，放走張守化，賊壘隨即被官兵攻破。

神明加持/鬼神庇佑

本文的主角蔡祚和妻子蘇氏都未受過教育，但教育子孫的種種言詞，卻都是「學問之言也」。他們的兒子蔡鍾有深受父母言行的影響，在各地為官，都賢能而有政聲，所以何喬遠在這篇為蔡氏夫婦所寫的傳記〈蔡處士夫婦合傳〉一開頭就說：「余觀世之有詔於朝、有興於家者，皆其先世有以貽之乎？」[59]處士夫婦都是同安人，里中的富翁無子，有感於蔡祚的孝行，欲以之為子，蔡祚對富翁的好意表示感謝，說雖然很願意把富翁迎接到家中奉養，但因為父親的廢疾「不可近」，只得作罷。「富翁益孝處士而厚贈處士。」處士夫婦力本治生，生活也由匱乏轉為殷實，「不吝施與，雖昏夜叩必應」。「邑有寇警。處士夫婦攜子女匿入山谷中，有餘餉，即以餉同匿兒相顧恤。」

蔡祚為人慷慨好義，喜歡結交客人。對於里社中的雜役，常常身先士卒，在三老之前擔任。「鄉鄰有忿爭及為公事人役所苦，輒致之家浮大白解釋之。」「儒術方伎、匠作之流入鄉里者群詣處士，處士夫婦無所不款待。」蔡祚夫婦善於經營農作，除了用穀物釀酒外，「畜五母二母種瓜菓蔬韭園中」，販賣海產品的商人都願意多付一些錢，優先買得他的各種農畜產品，所以家中的膳食一直豐富不缺，「祭祀伏臘，奉賓客裕如」。

不久，鄉染大疫，處士的妻子也得病。傍晚時，見群厲推擁而入，齊聲求福。厲鬼群相擁入，表面上說是求福，其實是來取婦人性命：「處士婦曰：『吾雖貧，能福爾。顧吾夫不在，夫歸，爾福矣。』言未既，有角巾白衣人從後呼曰：

『勿誤，勿誤，此善人家，宜亟去。』」角巾白衣人一說完，群厲皆去：「其色如煙縷騰騰上，其穿屋上走，屋瓦有如裂帛聲也。蓋處士夫婦修身而責報於後人，為善冥冥，而亦受福於冥冥。」[60]厲鬼雖欲乘疫情隨處索命，但蔡處士夫婦福報冥冥，終能靠著神明的護持，逃過一劫。這真是一則有聲有色的鄉野傳奇！

妖言惑眾

何喬遠在〈昔者吾友蘇司寇公行狀〉這篇長文中，用了五千多字的篇幅，來記敘他的老友蘇弘家的政績和德行。蘇年二十六舉進士，「英英有資氣，授戶部主事」。他在天啟六年（一六二六）戶部左侍郎任內，負責督理漕運。「會清口淺不勝漕，幾平陸」，他接受了幕僚的建議：「金龍四大王可禱也。」先是派遣材官禮往禱，「得水僅三尺」，「弘家曰：必親行」，於是在六年率領了戶部主事、淮安鈔關、淮安府的幾位同知，和清河縣等地的縣官及裨將材官「親詣四大王祠下，刑牲膜拜。四大王，黃神也，遜淮；張將軍，淮神也，祈捍黃。越五日，雨大至，水瀆瀁瀰望，幹舟悉過。於是請褒加二神封號，許之」。[61]

向金龍四大王祈雨，只是蘇弘家的政績之一，他真正的硬仗，是在巡撫浙江三年任內，平定了六次大亂。第五次的亂事是海上的倭寇鍾錦。閩浙人利用這個三不管的區域，建立了數萬窟穴以通倭。鍾錦被推為酋長，掀起漫天波瀾。蘇弘家善用兵，很快地就平定了這場亂事。

第六次則是牽涉到妖術的叛亂案。這場亂事發生的時間，大致在天啟年間，和徐鴻儒的白蓮教之亂約略同時：「朗生，湖州醫生也，海寧人。有馬文玄者持齋二十餘年，習幻術，自詡能望氣遁甲至人家，言休咎輒驗應，江南浙西人皆敬事之，朗生與諸惡少年皆奉為師。」馬文玄除了會算命，能準確地算出每個人的禍福吉凶。還自誇能夠望氣、遁甲之術。奇門遁甲之術號稱能呼風喚雨，穿越到別人家裡去，自然又比算命更為玄秘，所以他在江南浙西吸引了大量的信眾。

萬曆四十六年（一六一八），努爾哈赤攻陷撫順，揭開了遼東戰爭的序幕。馬文玄見遼事起，「漸萌異志」，「為海中蛇山王檄遍吳浙中，約起兵舉事」。沒有多久，他又改變說法，說「野人沙沙在海中有兵萬餘」，其實什麼都沒有。「始山東徐鴻儒蠢動，文玄預知其謀，倡言曰：『吾望山東殺氣大盛。』既果然，眾謂神。」「文玄曰：『今浙中乃更甚，若得吾符佩身，身家當無害。』以此惑眾取金，雖大家皆予金別驚徙。」馬文玄靠著這些真真假假的惑眾妖言，騙取了大量可以起兵的資金。

他接著又告訴眾人，他的信徒中有幾個人「皆有貴徵」。事實上，這幾個人就是長相特殊的儒生。於是他和朗生、鄴侯等置酒，大會嘉興之煙雨樓，「拜天地，吃血酒，約日舉。鄴侯、石梁、龍生皆諸生也，鄴侯體四乳，石梁貌甚偉，鬚至膝，龍生長身白面。其約日舉，各有部署」。到此為止，馬文玄的異志已經到了籌劃、舉事的地步了。朗生部署在有許多官宦人家的湖州，「傍有太湖，急可走也」。如果幸而成事，「取蘇州，控上流，窺杭嘉，圖金陵，反掌間耳」。不幸的是，這個以妖術為基礎，規劃了許多年，野心勃勃的叛亂案，到這個時候，已經被蘇弘家偵聞，他預飭文武官員嚴加守備，又「貽書江南御史共備之」。亂事在沒有什麼實際的軍事行動下，很快地就被平定：「而湖守杜公喬林已捕得朗生於其黨與包包山之床下。弘家即下，守立械朗生來，梟朗生首函示諸郡，應朗生者皆鳥獸散，而文玄與龍生走匿松之白龍湖，亦為松守公衡所得，坐置法。」[62]這個靠著妖言幻術建立起來的亂事，和明、清各種規模的大小宗教叛亂相比，虛幻和不堪一擊地有些出人意料。

精通堪輿

世居泉州筍江和光里石塔山下的張廷琴，因為山下「有磐石抵溪，莫可深淺，因自曰磐溪」，和他的堂兄弟贈通議浴江公，「並以堪輿之學聞」。贈通議公死後，他的兒子洞齋公「信先生學益篤，嘗語人曰：『吾家有仙人，仲父之謂也。』」

這個被侄兒稱為「仙叔」的張磐溪出生時，也有一段可以和何喬遠媲美的神話故事：「先生未誕時，尊人年三十。」「忽一夕，母孺人方就寢，睹祥光滿室，若有大人面壓體者，驚怖甚急，以被掩面，是月遂有身而娠先生。員頂豐額，長耳美鬚，目如電光，獨立空中，目不轉精，視徹半空，識者議之。」[63]

這個出生異常的小孩子，從小就顯得與眾不同，而被同學歸為鬼物：「少小即寡言笑，絕嬉戲，與里兒同塾學，每遇暑夜，人多休歇，先生獨燈窗自若。諸同學忌之，托以鬼物，驚恐多方，不能得先生輟。」年紀稍長，開始發奮攻舉子文。後來因為父母過世，不能守博士家言，乃遂為古人學：「究極于天文地理之辨，博而愈精，高出蒼天，深入黃泉，人不能儆之以其所不知，而困之以其所難測，隨叩隨應，援古證今。」用高出蒼天，深入黃泉的態勢，窮究天文地理之辨，也難怪他日後在堪輿、相人術上，會有超絕塵俗的表現。

張磐溪到晚年才生了仲君兄弟三人，對他們既不姑息，也不任意責罵，「三子終身所就，料之如神。已往不易其言，仲君竟能遵先生教，以文名于世」。[64]在更進一步描述張磐溪的神通時，李光縉岔開講了一下他莫名其妙的本領：「蚤歲從尊人徙家金田。金田賊發，刦先生為盟主，先生計解之。賊莫能刦，人莫知先生所繇。其後賊猖獗甚，先生道遇賊，得脫去，又能脫二尊人柩于賊中，賊無敢犯者。」[65]

回到堪輿術，「先生俯察甚精，以金剛四字為祖，郭、楊二書為宗，其他地理書如韓非人《老子傳》，非其類矣，悉屏棄去」。他又認為《易經》的卦象和堪輿學有極大的關係：「謂人不精于《易》畫，于地道未有聞也。乃按庖羲所畫六十四卦，去其乾坤否泰。以六十卦分爻設象，明地形之所以然，為《地圖經傳》。」其他人都不了解其中的意涵，他也就獨藏其秘，不以告人。他平常不輕易幫人看墳，有人拜託，他先看看來人是否可以幫助，如果可以，「必要重幣然後可」。他解釋這樣做的原因：「吾非為利也。地脉有限，天機詎洩，不如是，示人輕矣。

吾故重幣以難之。」「故終先生身，所扦穴獨少。」

張磐溪講堪輿，必從穴法開始：「先生論地先穴法，尤重葬法，曰：『龍穴砂水，只在穴下。俗師求遠山外地，非也。』」他對自己的葬法，推崇到無以復加的地步，認為只有一代宗師楊筠松晚年稍稍了解：「又曰：吾葬法之精，可奪天工。直能使君子之生，皆為臯、夔、稷、契，不為龍逢、比干。古來地仙，惟楊公晚年差悟此法。」[66]

一般人都不相信他的自吹自擂，只有他的侄兒通議公父子深信不疑：「先生善觀人，一見便了其生平制行何若，人無逃先生之鑑者。口不道人家是非得失，但一登人壠，預策吉凶、禍福、成敗、興衰之原，或某家當得貴，或某家當得大貴，或某家貴而未貴，或某家終當賤，以山運配歲運，纚纚言之，事後不爽。通議公益以此信先生。」根據這裡的描述，張磐溪從相人到堪輿、看人吉凶到如此細緻的地步，顯然遠非只會妖言惑眾的馬文玄所能望之項背。

他的兒子也說：「先君射覆，言多奇中。每一事驗，通議公輒聞而歎曰：『吾仲父之聖至此。』」事實上，一直到文章的最後，透過他次子的夢境，我們才恍然了解到，張磐溪的自負和神異功能，除了他從小的刻苦努力和全力的投入，[67]和神明的鼎力相助是有關係的：「『吾在臨安，夢先君登大高山，巨石巉峭，上有金闕真尊，即是玄武。有人掖先君上，身觸玄武，色相頓裂，環包先君。先君遂即玄武為。』此指聖與神為言也。天乎？仙乎？聖乎？神乎？倘所云至德，不能加矣。」[68]原來玄天上帝的附身，給了張磐溪超凡的神力。不論是夢幻，還是真實，這個出生非凡，一直被他的侄兒稱為仙人、仙叔的磐溪先生，確實將堪輿之術，發揮到神乎其技的地步。

夜夢九天玄女

李光縉在兩篇恍兮惚兮的文章中，記載了他的朋友許世臣因為夜夢而建神廟，最後由李光縉大費周章地在神廟建成後，才完全查出廟中祭拜神明之身分的奇特記載。先是，在〈資生宮記〉的開頭，李光縉描繪了宮廟所在的地理環境：「清源山左轉，盤獅子巖而東，為賜恩山。山故有巖，塑釋迦牟尼、觀世音佛供奉其中。巖之上為歐陽行周先生讀書室。兩山屏夾……左右翼以兩澗。右崎有石，面光如鏡，相傳曰『一鏡石』。……舊此地無祠字，樹木蓊靄，黎藿牧畜之區，罕知之者。山嶽藏精秘，蓋有待云。」

接下來，女神逐步出場。萬曆十六年（一五八八）秋天，許世臣告訴李光縉：「夜夢女神與賦詩譚玄，根極道妙，其後或夜一夢，或間夜夢，詳具《夜夢略》中。世臣詰之姓名，不肯言，但時自嘑為碧霄玉女。」[69]許世臣因為同樣主題的夢作了太多，慢慢偵查女神的來歷，「微見其蹤，乃知其為衛房元君所分部掌西宮事者也」。她住在西液台前，主要的職責，是婦女孕產事。但有時她也攜帶器械，牽繫犯人接受審判。主要的原因，是大家慢慢不相信佛家的輪迴說以及天堂、地獄的存在：「直指人因受世相沿，斥佛家輪迴說與天堂、地獄、刀山、火池，燒煮，剁剔，鋸割之刑，以為誕無有而若見之。」她的責任就是要提醒世人：「要以徵往懼來，警世為善耳。」[70]

她於是自卜前地，要許世臣幫她建築齋宮。「世臣方闢地未遑。江少卿達泉公聞而謀同志捐金肇舉之，于是宮且成，扁其額曰『九天分曹』，曰『資生法界』，曰『夢覺門』。……皆神自創也。」「神初見夢時，攜鏡往來，曰『鏡照六眉』，疑所謂『一鏡石』者。即言所居室前有雙塔，今皆歷歷驗。噫，亦奇矣！神以語世臣，屬余記之。」[71]李光縉既然受命記載，就憑藉著他淵博的學識，考察女神的來歷。特別是在宮廟已經建成後，如果連崇祀的神明是誰都不知道，實在有虧泉州學者的聲名。

於是，李光縉作了一番初步的研究：「記曰：神故有是乎？及考其所謂衛房元君者，或云九天玄女，或云周柱下史李耳母，並不得其據。獨所稱太液池之作，出漢世，史不過侈其中有蓬萊、方丈、瀛洲、壺梁，象海中神山龜魚之屬，以為此僊聖所棲也，不聞其以女子神分主之者。」所以神話的前半段可以從史冊中考察出來，但就是沒有女神分主的記載。唯一的可能就是太液池就是瑤池，衛房元君就是西王母。[72]

李光縉在這裡的大膽假設，在下一篇文章中，終於得到證實：「許君世臣夢遇液神女，自誌所見境曰《異夢略》。《略》始輯於萬曆庚寅歲，是時薦紳先生多敘之者，或云著誡，或云報隲，或云辨異，竟不知女為何，與遇何故也？予蓋嘗說之矣。求其說而不得，而以為有夢幻。而以為夢幻而卒歸之於覺，遺聞之神，神賦之曰：『卻喜問君君知津。』」[73]

《異夢略》始輯於萬曆十八年（一五九〇），成書後，「薦紳先生多敘之者」，認為有各種功能，但問題還是不知女神為何？迫不得已，只好問神，神明卻把問題丟回來。最後總算透過一個共同的友人江國磬，「得聞世臣夢與元君相對語甚悉」。他們告訴許世臣，庚寅本的《夢略》，只講到一半，天機已露，應該繼續寫完。世臣寫完全書後，交給李光縉閱讀。李光縉讀後，非常高興地宣告眾人，終於查出女神的身分了：

讀至元君引世臣謁青祇神，不覺恍然。已世臣又述液女稱元君為西王母，能化七十二魄，即九天玄女云，而青祇者，其垣居東，即東王公，誌所載靈威仰其神也。予於是欣然悟曰：「吾嚮者幾得矣。」今而後知所以夢遇與建宮之故矣。[74]

李光縉讀了許世臣和女神在夢中的多次對話，在關節處反覆推敲，大喜過望地說：我上次幾乎就已經得到答案了。現在終於知道夢中女神就是西王母，以及為何要興建資生宮的緣故。夢中的女神和士紳不斷地對話，無疑是一個獨特的經驗，而泉州的縉紳先生在慷慨出資建成宮廟後，還為神明為何所困的過程，也側面地說明泉州寺廟之盛的原因。

書告歸期

詹仰成，侍御企齋先生之子。上世是清溪佛耳山人，後來遷移到泉州府城，為晉江人。他的二哥司寇咫亭先生，是嘉靖後期的進士，起家南海令。「季公父侍御、兄司寇，人焰季公，季公若不知者，有欲倚作姦利，季公謝絕之，不屑以父兄勢加人。」[75]詹仰成闊達多智，臨事善於規劃，輕財喜費：「是以季公行事多越絕有聲。郡薦紳冠蓋相望。富室素封，里不乏人。然至某處有壞當修，問誰修者，人必曰『季公』。某所有新當搆，問誰搆者，人必曰『季公』。某賢吏擢當祠，問誰祠者，人必曰『季公』。」一個人能夠輕財仗義，戮力公共事務，讓整個地方的人，從鄉紳到官員，一想到任何修建工程，第一個想到的就是他，那也確實是值得稱道的地方鄉紳。

> 人以是仗季公，季公亦銳身應之。郡清源山洞宇壞，修洞宇；浯渡橋石欄坂道壞，修石欄坂道；清溪邑城城隍廟壞，修城隍；浮梁壞，修浮梁。
>
> 歲丁未，地震，城堞盡圮，洛陽橋傾，第一山宮頹，當事議修，推季公。

或以難沮，季公曰：「此非吾任，誰任者？」遂奔走于大風烈日中，三役並興，朝城市，暮山海，課督不休。[76]

幾乎泉州城所有大大小小的工程，從洞宇、橋上的坂道，到邑城隍廟，每個人第一個想到的就是「季公」。城牆、洛陽橋、第一山宮全部傾頹，有人認為這三個工程太過艱難，勸他不要接手，季公卻想當然爾地說：我不擔任，誰能擔任？接著就在「大風烈日中」，三項工程同時進行。不管是公帑，還是私人的捐募，他拿到就用，不夠的自己先付，甚至傾囊以出。「省費之半，壘砌之固，前次未有也。」「李文節先生為相，聞季公名，每對人言稱其能。」

接下來的大工程，就是開元寺了。事實上，在此之前，開元寺東塔簷級壞，就由他的兄長司寇先生修之，「命季公佐其役」。現在，西塔頂峰又壞了，「文節自京師捐金，以書屬季公修」。詹仰成架木鑄裁成之，然後向李文節報命，文節回信道：「人傑天才，郡中義事咸藉修舉。浮屠今又告成，為一郡壯觀，守齋芳名與俱不朽矣。」開元寺是泉州最具代表性的建築，詹仰成可說是功德無量。[77]

在工程之外，詹仰成又做了許多賑災、埋葬屍體等普度眾生的事業，比冒襄單獨在城內施粥賑災的義舉又更進一步：「歲大水漂流民舍，郭外柩若骸無慮澤量，季公鳩倡義者，鬻地為塚園若干畝，纍纍埋之。」「飢民流離，殍死相望，官開倉發帑以賑，必請季公問救荒策，季公具道所以，身自往城市村落間，隨處散給，益以已貲煮粥與飢者食，或分以錢，人賴全活。」賣地建為墳場，埋葬無數屍體的做法，確實是極為特殊的善行。

詹仰成原來有一個獨子，晚年又得次子洪有，「人謂季公陰隲之報」。接下來，這個故事進入了神怪的高潮。故事的始末由詹仰成親自告訴了李光縉。

根據詹的說法：「洛陽有鬻蠣者南來，道逢一老人問何去，鬻蠣者曰：『之城市耳。』老人曰：『城中詹季公曾識之否？』鬻蠣者曰：『某嘗持蠣至其家。』老人曰：『吾有書欲與之。』」老人把信交給賣牡蠣的，然後就突然消失不見。賣牡蠣的人把信交給詹季公，上面只有短短幾個字：「子保養成人，大有心。」接下來，詹季公和李光縉為了這個簡單的天機作出完全不同的解釋。李光縉善意而有學問的解釋是：「是殆非人者與？大有心者，天心也。公幼子名洪有，《易》不云乎，大有，上九，自天祐也。」

詹季公的解釋卻讓人悚然一驚：

季公曰：「不然，父在則不必言子，養彼為念身後言也。余殆將死矣。」余聞，為淒然。亡何，季公寢疾，數日卒。公疾篤時，忽冥目見有衣冠官人盛美皙少年攜一童子持牒曰：「徵書已到，盍行乎？閻浮、兜率，幽明均樂也。」俄季公起坐，握麈尾自拂，召長君晉與語曰：「吾行矣。」遂瞑。訃聞里中，無貴賤老少莫不流涕。[78]

詹仰成平生積累了無限的功德，雖然無法像有修持的大和尚一樣，預知死期，但看到神秘老人轉來的天機，應該已經知道這是一個預告歸期的通知書。「至是，邑士民相率造大府，立祠祠季公。季公卒年七十三。」[79]

重修開元寺

詹季公和他的兄長詹司寇分別修過開元寺的西塔和東塔，但開元寺真正的大修是在萬曆二十二年（一五九四）。何喬遠在他寫的〈《開元寺志》序〉中，對開元寺的建寺神話、近世的沒落和重建，有精簡的論述。我們以此為基礎，再加以補充。關於建寺的神話，何的描述較一般更為生動而具神話的色彩：「吾州之西有開元寺者，蓋唐時長者黃守恭捨園而為之。初守恭晝夢一僧乞宮其處，謬應曰：『待蓮花生樹端乃可耳。』僧喜稱謝。忽見千手千眼菩薩騰空而上，數日園中桑樹遂生蓮花，香色具足。守恭靈佛之力，因出其地建大悲閣以居僧徒。」[80]《溫陵開元寺志．建置志》寫得就相對質樸：「大開元萬壽禪寺，舊在郡城西清門外，後城增廣，則寺當城內之西區也。唐垂拱二年（六八六）乙酉二月州民黃守恭晝夢一僧乞其地為寺。恭曰：『須樹產白蓮乃可。』僧喜謝，忽失所在。越二日，桑樹果產白蓮。有司以瑞聞，乞置道場。制曰：可。仍賜『蓮花』名，請僧匡護主之。長壽壬辰，陞為興教寺。」一直要到玄宗開元二十六年（七三八），下詔天下諸州，各建一寺，以紀年為名，才改額開元。[81]

何喬遠接下來講到開元寺的沒落：「寺又二大塔，累石寥寥。」「州人捨田施宅，從古有之，近世僧徒乖離其宗風，入其田之賦，至髡而里胥，於縣門習諸讖呪，為人薦禮，飽其酒肉，凡諸所有，遂為豪有力所目攝，見貴人則旁立搶地以為常度。佛氏忍辱之教然乎？」僧人為了取得田賦的好處，和胥吏互相勾結，幫他們剃度。寺產則漸漸為豪強所奪。到後來殿牆成為行道，「壇有茂草，僧徒之不任，而並以及佛之宮」。[82]何喬遠的這些鋪陳，一部分其實是要說明為什麼佛殿被軍匠等人占據，他們儲藏在那裡的火藥則引起火災。

佛殿被占據，而引起火災，其實是開元寺到明後期最大的問題，從此則牽引出一段傳奇：「泉南佛國，古剎實繁，傳幾千載者，唯開元一剎而已。」[83]「按舊志，洪武二十六年寺圮，太祖高皇帝敕南都僧正映來住持。……方其盛也，百二十支院，合為一區。梵唄精勤，戒律清嚴。嘉、隆而來，寖以頹弛。王租僧房，半沒豪右，所存僅三剎而已。」[84]

到隆慶年間，戎器火藥等工匠，盤據戒壇，設置百竈，天天在廟裡搗磨這些原本是「防海火攻之藥」。[85]他們的妻子則寄食在戒壇和紫雲殿的廊廡下。「碓磑金鐵之聲，振動日夜。所造兵刃火攻諸具，薦陳無時。」僧人被迫「日夜寢食其旁」，原本是祝聖的處所，現在則是「日動金戈之聲」，「以慈悲莊嚴之地，千百凶器儲焉」。每次到了神佛的誕辰節慶，參與儀式的官員「冠冕珮玉，側足傴僂於竈廠塵土之旁，苟且終事」。生動地描寫了這些場景的蔡一槐感歎道：「甚非所以妥皇靈而隆矩典也。」[86]

日夜在廟裡搗磨火藥的工匠，幾度引發了火災。先是火藥所聚的玄妙觀被大火所毀，三十四人死於其中。接著月台山門廊被燒毀，二十多人因此而死，督官林才等也不幸遭到火焚而死。這幾次火災，最後都被寺僧撲滅，廊屋幾乎被燒盡。雖然寺僧向地方官陳請，但聚集的各種工匠卻不願離開，「隨告旋寢」。萬曆二十二年（一五九四）春、夏季，氣候反常，旱魃繼之以降雪：「傍寺居民，回祿見夢，飛語傳訛，人心惶惶，束裝待竄。」開元寺旁的居民，都在夢中看到大火的場景，實在非比尋常。耆民陳實、趙用贊等和住持通楫、通全等，相率陳牒於觀察乾銘楊公。[87]何喬遠的文章中，則特別指名要求觀察楊乾銘遷移匠人的是憲副黃肖源，他是同安人，是捨地建廟的黃守恭的後人：「比歲防海火攻之藥，軍匠搗磨其中，石火之不時，或延祝融。梵誦結制之地，雜於馬隊屠門。邑人憲副肖源黃君，守恭公裔孫也。目其弊壞，告觀察乾銘楊公，徙諸匠於他所。」[88]〈建置志〉中，也有類似的記載：「萬曆二十二年，居民回祿見夢，旦夕弗寧。檀越黃公文炳，力白當道，盡驅諸匠。」[89]

觀察楊公對人民的恐懼十分了解，早上得到牒文，晚上立刻行動，將廟裡的工匠全部趕出去，並把他們的廠舍全部拆除。他和泉州知府把這些鐵匠、硝戶齊聚在演武場，並且選擇一個「人煙不交之地以居」，火藥匠則在秋天移居到旗纛廟。[90]

「冬果火發，諸砲焰天，眾匠與廟立盡，幸臺高陡絕無附，故不延廬舍。」如果這個時候，他們還住在開元寺，那麼「萬室繹絡，坊肆輻集，其禍可勝言哉」！「而旁寺千家，咸神疇昔之異夢，銜二公之特恩，頌聲載道，各相率捐助，再修開元，以協成盛舉。」[91]「斯舉也，存六百載之梵宇，活千百家之民命，其功令豫而德遠矣。諸僧重修，先祝聖壇場，次及兩廊八十餘間，後及戒壇、潔己堂。釐弊興廢，象教儼然更新。民居遂得帖席，謠者咸謂二公之來，為紫雲再出，甘露重降，實生我覆我也。」[92]從黃守恭到黃文炳，黃家確實在開元寺的歷史上，扮演關鍵性的角色。

開元寺淪為一座火藥加工廠，實在是匪夷所思的發展，還好寺旁大量居民的異夢，挽救了一場浩劫。對開元寺和晚明泉州歷史來說，這次的夢中示警，無疑是值得特別銘記的神異事件。

超度李魁奇陰魂

如前所示，在鄭芝龍就撫後，李魁奇再叛，獨言：「招我，非何侍郎不可。」何喬遠遂親至同安撫之。[93]崇禎元年（一六二八）九月，李魁奇與鄭芝龍同夥同撫，因分贓不均，[94]李魁奇幾乎帶著所有的軍隊叛撫。[95]崇禎三年（一六三〇），明軍和鄭芝龍、鍾斌的聯軍擊敗李魁奇，鍾斌生擒李魁奇，然後獻俘於朝。[96]

李魁奇死後，何喬遠特別寫了一篇超度文，向他解釋了一些可能他生前並不知道的事。這篇文章是何喬遠前往延平府的大田縣探望生病的兒子時，特別寫給李魁奇的魂靈的。文章一開頭說他聽說李魁奇向人表示，對何還有所期待，所以特別寫了這篇文章，詳細告訴他事情的始末。第一是了解他最初願意接受他的招撫，一定是出於真心：「我遣人招汝，汝則不來。及汝再來，我又與蔡兵備遣人招汝，汝大無禮兵備之人而獨禮我人，稱我何公有書，定是真意。」

第二，從他接受招撫之後的行為，知道他確實一心想做好人：「及汝與鄭作構，不得結煞，特來請我招安。是汝雖盜賊，知我是仁人君子也。汝自聽招之後，安靖地方，刊刻我所諭示，戒束徒黨。吾甚喜汝，知汝欲做好人。」

第三，有些人責怪鄭芝龍翻臉無情，讓他喪失性命。他雖然事前勸鄭不要再無事生非，反而被鄭反嗆一句，讓他難以下台：「不意鄭反出汝不意，致汝無備，歸於殺身。當鄭之欲加害於汝，亦來相聞，我勸其毋再生事。書末云：『伐國不問仁人。』此言何為至於我哉？」

第四，感謝李的好意，特地送他一隻黃蓋。但他實在不忍心在李死後，再撐起這隻黃蓋：「爾送我黃蓋一，自爾被擒之後，我常對家人云：李季叔雖是盜賊，然有心於我，今已死矣，我亦不忍撐所送蓋，好納之關帝之廟，不則以借人迎賽之會，俾受陰庇。」

第五，何對鄭芝龍在何招撫了李魁奇之後，再對他下手，頗為不滿。李陰魂不散，對此應有所了解：「我常告人，鄭家好男子當自擒李，何待我招之後方收漁人之利耶？我昨到延平，對延平太守亦作此言。汝有陰靈，當自知之。」

接下來，何喬遠的語氣一變，進入超度的主題：「但汝生為盜賊，殺人無厭，既死之後，被殺陰魂恨不得汝入鬼門、下地獄。汝既做好人，欲圖再生，汝被殺省城，吾來此地，非望我超度，更復誰靠？汝之示言，亦其宜也。」從這段話，再回到文章的一開頭：「吾來此地，豚兒有病，聞汝示言，知汝有望於我也。」李魁奇是在福州被殺，偏偏在何喬遠到大田探病時，用只有他們兩人知道的方式，隔空傳遞訊息。在何喬遠的解釋中，他其實是希望何這個時候幫他在大田辦一場超度法會。而如何所說，大概他也只能靠何來超度他了。

基於兩人之間的情誼，何喬遠真的幫李魁奇鄭重其事地辦了十二天的法會：

「我今告汝，以十二日延道士為汝誦經，俾爾再生人世，閻羅天子一念懺悔便許天堂。我尚欲為汝作一疏文，告閻羅天子。」除了法會，他還打算另外幫他寫一篇給閻羅的疏文，作為酬報。他也希望李魁奇的陰魂不要懼怕，勇敢地出來面對三界鬼神，要求祂們保佑他的兒子。他直白地告訴李魁奇自己對他的恩德，李能遇到他，只能說是他的幸運：「我平生心事天日可表，不惟汝知，三界鬼神亦當知之，汝其毋怖。且出汝陰靈為我告懇三界諸神，保佑我兒。我有德於汝，知汝不忘也。我又告汝，汝被害後，我復為鍾斌出一生路，勸其招集舊人數百輩，出家財，從我勤王，鍾不信，今日安在？誰欲度他？汝之遇我，亦汝幸也。」97

何喬遠既是虔誠的佛教徒，對各種鬼神之說，也深信不疑。他為了超度李魁奇的陰魂，在他死後幫他辦這場法會，也確實是李魁奇的幸運之處。不過這場超度法會的根由，則是李不散的陰魂向何傳遞了特殊的信息。比較費解的是，何喬遠為何會要求李魁奇勇敢地向三界鬼神祈請，保佑自己生病中的兒子？

除了十二天超度陰魂的法會，何喬遠確實對得起這位不幸慘死的朋友，不必假手釋道，自己寫了一篇文情並茂的〈告閻羅疏〉。在這篇疏文中，我們也知道了更多的訊息。原來李魁奇在福州被殺後，何喬遠到過福州，李「托形言詞」，抱怨自己被何喬遠所誤。何在上一篇文章中的詳細解釋，大概因此而發。

文章一開頭，直接進入主題：「南京工部右侍郎臣何喬遠，稽首皈誠告於閻浮羅王曰：今有海上李魁奇，嚮為大盜，殺人破鎮，焚劫奸掠，不知其數。賊性既衰，善念頓起。欲求依怙，疑惑多端。特來求臣主盟，招撫弭耳，抑心願為王民。」「臣聞閻羅堂下，打開方便之門，一念懺悔，許登天堂。」

接下來，我們才知道，就如同所有死不得祭的無主孤魂，李魁奇可能就和所有的厲鬼一樣，漂無定所。何喬遠有感於「其遊魂淒惻」，才辦了這場法會：「臣念其疇昔歸誠於臣，今道出此，為其遊魂淒惻，虔修醮壇，伏祈閻浮羅王出之無間獄，敕使再生為人，或作壯士為國家保守地方，建立功名，贖生前罪，免作餓鬼墮六畜道。」[98]

李魁奇地下有知，不管有再多的埋怨，生前交了這樣一個可以信賴託付的朋友，真的應該一念懺悔，向上超拔。

山神之戰

萬曆二十年（一五九二）進士洪啟睿，天資敏捷，讀書一目數行，過便成誦，終身不忘。在未第時，將赴禮部。他的一些朋友早就聽說過他的才能，特別拿書來測試：「睿每讀迄一帙，折而浮之江。卷終，汨汨成誦，不遺一字，時人號為洪漂江。」[99]

他在壬辰科的殿試時，內閣本來以一甲第一名進呈御覽。當天晚上，洪啟睿「夢清源山神與五虎山神戰不勝」，第二天早朝，萬曆皇帝竟然把第一名給了福州翁正春，原因是：「五虎，福州鎮山也！先是，上夢老子進春字。見翁名喜，應其夢，故易睿二甲第一。睿遺書族人，有清源山低之語。」

後來，洪臨終之日，「有所親遇於清源山下，見其僕從輿馬森列，謹避之。公呼而囑以事。其人急趨到家，已舁棺將殮矣。不勝驚訝，頃之，始述所囑，其事歷歷有徵」。[100]看起來，洪啟睿是一個有特殊能力的人，居然會夢到兩個山神大戰，又碰到迷信的皇帝做了一個「春」夢，竟因而失去最重要的頭銜。

登仙橋多鬼怪

登仙橋在泉州城東南角，相傳被鬼魅占據，到深夜時，就常常會被人撞見。「徐十洲侍御夜飲，歸經橋上，有二人散髮踞坐，從者以為人也，喝之起，不為動，徐知其鬼，急趨去。回視，則已不見矣！」

其後，有一位司空在亭子上蓋了一座大士亭。沒有多久，一隻白豬走進亭畔館中。「守館者逐之復來，至暮不去館。」守衛以為是從其他地方走失過來，於是把牠牢牢地鎖在一個房間。第二天早上一看，白豬已經不知所在。[101]鬼化為白豬，走到大士亭中，就堅持不肯離開，不知道是否已經被觀音所度化？

科舉與鬼神

陳瑞山學伊還在襁褓時，南安也有一個姓陳的朋友，在郡城教讀。晚上經過潘山橋，「見鬼物無數於橋上嬉戲」。一鬼曰：「陳君至。」又一鬼曰：「是貢士教官，何避之有？」他的朋友驚懼不已，立刻躲在樜園中。「須臾，聞眾鬼大驚曰：『陳大人至！』」各下水散去。朋友想，一定是一位姓陳的貴人。但偷偷一看，有人背著一個小孩子過來。朋友問了一下，原來這個小孩子就姓陳，是梅坑人。他的母親有急事返回梅坑，來不及攜帶自己的小孩。小孩找不到母親，啼哭不止。朋友告訴小孩，這裡晚上怪物太多，不便夜行。就把小孩帶回家，送他一套衣服。後來告訴他的父母，希望把這個小孩收為義子。後來這位眾鬼懼怕的小孩子陳瑞山，「果登第，官徒御」，而這位姓陳的朋友，「僅以貢官訓導終云」。[102]

看來這些小鬼不僅勢利，而且確實有些預知的能力。

陳見吾還沒有中解元時，讀書城中。「每夜歸過陳翁橋，橋上鬼輒相語曰：『陳解元來。』」陳見吾喜不自勝。但「歷科俱不應」。某一年，在放榜前，他又經過陳翁橋，「鬼乃寂然無聲」。回到家後，他對妻子說：我每年過橋，鬼一定以解元相呼，但今年卻寂然無聲，難道我有什麼失德的地方嗎？「其科發，解！」[103]

陳翁橋上的鬼看起來不僅有預知能力，還頗有些幽默感。

嘉靖十年（一五三一），晉江人陳讓到省城參加舉人考試前，到九鯉湖求夢。是夕，無夢。「廟中道士夢神曰：前度劉郎今又來！」並且命令道士告訴陳讓，陳讓也不了解神意何指。放榜後，陳中解元。「始知前科解元劉汝楠，陳即前度之劉也。」[104]

這個神諭還是蠻準的！

除了鬼怪外，下面這則和科舉有關的故事，更詳細地描述了神和科舉的關係。林廣齊，晉江人，後遷南安，世以貲顯，「性剛正不撓」，被掌權者嫉妒排擠，從容畢命於福州，「人覘其魁梧豐下而羅奇禍，心憐而壯之」。沒有多久，五顯廟塑舍人。被任命為舍人的林廣齊出現在這個抱不平的人夢中，告訴他說：「帝憫無辜，錄予剛正，命為五王輔。」廟左邊，穿著紅袍金甲狼裘，頭戴頭胄的，就是我了！神像建成後，夢見神明的人，帶著牲禮前往酬神：「遂著靈響，祈禱輒應。」

林文安公為諸生時，住家就在廟旁邊。景泰四年（一四五三）秋天，舉人考試時，「火發，逼文安席舍」，在祖先神明的輔翼下，火往荊棘牆上延燒，避開了文安的席舍。「公詢護我為誰，以姓氏告。」文安及第後，「則謁謝榜神，曰正應舍人」。

天啟四年（一六二四），是大比之期。「八世從孫肇鼎初場，號舍假寐，恍惚見金甲神語之曰：『汝登賢書矣！予而伯祖也。』」放榜後，林肇鼎果然中第。「神後裔，科第輩出，歷世彬彬稱盛云。」[105]

神明的後裔，在祖先庇佑下，科第輩出，也難怪明代福建的中舉人數，在全國排第四。

僧人轉世復仇

泉州城東南有光孝寺，某位鄉宦垂涎這塊吉地，所以找了一個理由請當道廢之，蓋為第宅。住持僧匕龍堅持上訴，但最後卻「斃於獄」。死後轉世，託生在下圍鄉曾家，改名為曾霖寰，並舉得進士。後來巡撫山東時，剛好碰到這個鄉宦子孫，因為衰敗賣宅，曾於是將之買回。

「先時，曾太夫人臨產時，見僧入其房，忽不見。後霖寰名化龍。」到這個時候，大家才豁然了悟：曾字傍人，即僧字；化字去人，即匕字也！「噫！亦異矣。」[106]在佛寺、僧人眾多的泉州，不少人像林希元、何喬遠所描述的不守清規，有些因此而喪失寺產。匕龍卻因為坐擁吉地，無辜受難。和尚堅持兩世的故事，雖然簡單，卻有些悲傷。

捕魚人與虎

正德八年（一五一三）開始，泉州各縣開始出現各種天災和異象，乾旱、地震、山崩之後，十二年（一五一七）安溪「地生毛，一夜長二三寸或四五寸，有白有黑」，連著長了兩個月才消失。十六年（一五二一）同安縣出現虎患。感化里有一個捕石崙魚的漁民，深夜掉到深谷中，早上起來，才發現掉到虎穴。老虎生了三隻小虎，虎穴四周都是陡峭的山崖，無法攀緣，只好以身飼虎。沒有多久，飢餓的老虎咬著一隻豬回到虎穴。牠眼睛一直盯著，把豬分成四塊，「三與子，一與捕魚者，遂跑去」。後來幾次回來都是如此。捕魚人剛開始驚駭萬分，又不敢吃腥膻的豬肉，後來實在太餓了，只好勉強吃下去，「如是者閱六七日」。「一夕，虎還，咆哮臨穴，三負其子以出。復躍下，捕魚者試跨其背，抱其肩，遂偕以上，相隨至林薄外。」

感激不已的捕魚人，哭泣著對老虎說：「恩我至矣，將何報？他日至吾鄉，吾願以牛為謝。」回家幾個月後，鄉人逮到一隻老虎。捕魚者聽到後，匍匐到柵欄前對老虎說：「得無生我者？」但是在柵欄前看了很久，老虎已經不復識別。捕魚人於是對老虎說：如果你就是生我的老虎，就大叫三次吧！「虎帖尾俛首號者三。捕魚者大呼曰：『是矣，是矣！』」漁民於是宰牛分食給眾鄉人，並把老虎請出柵欄。[107]

這個看起來不可思議的神話故事，被何喬遠鄭重其事地記載下來，傳之後世。

蘇六娘大戰鄧茂七

蘇六娘，晉江人，蘇啟能之女，生於洪熙元年（一四二五）臘月，「生而神異，稍長端淑孝敬，料禍福多奇中」。十六歲時，還待字閨中，有人來勸說，她回答道：「對山可移，我志不移。」有一天，她拜別父母，說：「夜神人見召，明晨寅刻，將辭世矣。」因為她平常絕不胡言亂語，所以家人把她環繞起來，嚴加護衛。到了晚上，「祥雲繚繞，天樂遙聞」。六娘原來素不知書，這時則索筆留詩：「溶溶月色浸清秋，鶴御翩翩此日遊。一點靈光何處寄？萬年煙火紫山邱。」[108]

家人護送她的靈柩到紫帽山麓，忽然索絕墜地，雷電風雨驟至，眾人被迫歸去。第二天早上來檢視，「則蟻泥已封矣」。此後，神光不斷出現，里老建廟於墓前，並且塑了她的神像來祭祀。[109]幾年後，就發生了蘇六娘大戰鄧茂七的神蹟。

按照這時鄉村的收租慣例，佃農每年除了納租之外，還要送一些新米和雞鴨之類的禮物給田主，稱作冬牲；把租穀送到田主家裡或田莊，稱作送倉交納。在延平府沙縣做總甲的鄧茂七，對這些陋規非常憤怒，呼籲農民停止送冬牲和送倉交納。沙縣知縣為此發出傳票，要鄧茂七到案，被鄧拒絕，他並殺死了巡檢司好幾個弓兵。最後知縣只好率領三百名正規軍下鄉捉拿，結果知縣被殺，三百名軍隊也幾乎被全數殲滅。

到此，情況已經不可收拾，鄧茂七於是在正統十三年（一四四八）二月正式起事，成為福建歷史上最大規模的民眾叛亂。到第二年為止，他率領的部眾，已經「延蔓八郡，破二十餘縣」。正統十四年（一四四九），鄧茂七在混戰中陣亡。景泰元年（一四五〇），整個亂事被完全平定。[110]

正統十四年，鄧茂七的部眾打到泉州，太守熊尚初戰死古陵坡。「賊乘勢長驅，軍民鳥散。」「俄東南風急，白晝晦冥。有神兵從空而下，素旗飄揚，有『對山蘇六娘』五字。賊氣大阻。」這時，政府軍正好趕至，叛軍走去。不久，延平告警。曾經參加泉州之役的援軍，乘著風沙，樹起六娘旗幟，並對鄧茂七的徒黨展開猛烈的攻擊，「賊望旗潰，茂七殲焉」。[111]

蘇六娘神奇的事蹟，很快傳播開來。征夷將軍陳懋仔細地打聽所有具體的經過，然後遣官到山致祭，並且具疏奏聞。成化元年（一四六五），敕封護國衛生夫人，謚貞烈。萬曆中，太守邱浙到山上親見神靈顯赫，於是幫蘇六娘大修墳廟，建亭樹碑。這個時候，正好倭亂復起，邱浙又奏請加封「衍聖崇福」四字，留銘於廟，勒石紀之。[112]

鄧茂七的叛亂案，是福建歷史上的重大事件，正史中有各種記載。《泉州府志》在此巧妙地將仙女蘇六娘的事蹟和鄧茂七之亂在泉州的情節，編織在一起，併神話與史實於一爐，精彩的敘事，已經到了爐火純青的地步。

結語

李贄這位泉州最具知名度的思想家，在麻城芝佛院出家後，慢慢變成一位虔誠的佛教徒。他相信誦經治病的療效，在我們對佛國泉州僧侶的了解付之闕如的情況下，倒是一個彌補空缺的極佳案例。他對鬼神的信仰，對土地公的祈求和關照，也和泉州這個神怪無所不在的環境完全契合，不愧是泉州子弟。

林希元對佛教和僧侶的批判，和本書其他幾個敘事者迥然有別。不過他雖然花了極大的心血，試圖用理氣、感應來詮釋他所記載的案例，但越到後來越顯得缺乏說服力。堪輿、祥瑞之說，已經完全融入泉州神怪文化的傳統。祖先顯靈的悲傷歷史，也讓我們強烈地感受到這位宋代英靈「憤激不平之氣」。

何喬遠和李光縉都提供了豐富的描述，讓我們能夠進入晚明泉州鬼神世界的每一個角落。更讓人驚訝的是，他們把自己的超凡經驗，也編織到這個超凡的世界中。我們不僅對李光縉夢中遭遇到蘇東坡的暴烈待遇刮目相看，對何喬遠和呂純陽的十日談更充滿了各種好奇與不解。這個民間信仰中無所不在的神仙，究竟是以什麼樣的血肉之軀和歷史學家何喬遠「日日飲酒盡歡」，並以解答吉凶禍福之謎來交換何喬遠寫的〈像贊〉呢？[113]

《泉州府志》用一則一則的鬼怪小說，來裝飾號稱「海濱鄒魯」的泉州文化，讓我們有一個極佳的視角，來觀察儒學和怪力亂神是如何在這裡並駕齊驅。李魁奇的陰魂、老虎、山神、登仙橋和泉州各個橋梁上的鬼怪、大戰鄧茂七的仙女蘇六娘、重修過後的開元寺和豐富的夢中世界，從天上、地下、山裡、橋上、廟裡，進入晚明泉州人的俗世和日常生活中。

第五章　結論

就像我在本書〈導論〉部分，對晚明泉州文化和江南文化所作的比較，我們知道江南的文人群體和泉州的學者／官紳群體，好像是活在兩個不同世代或傳統的讀書人，相似之處極少。

首先，他們對現實政治都極為關心，但時代和地理環境的差異，卻讓他們關心的課題內容完全不同。江南文人以崇禎年間的南京為主要的活動舞台，最後面對的是亡國的悲劇，以及亡國後的選擇。而泉州的幾位學者，活躍的年代大體在嘉靖、萬曆到崇禎初年，沒有亡國之恨，卻面臨到倭寇的不斷侵襲和海上貿易的斷絕，所以倭亂和開海就成為他們最大的關注。

其次，因為白銀的大量流入，使得明末江南成為商品經濟發展的重心，歐洲商人前仆後繼地到中國購買絲綢、瓷器和中國商人從中國國內市場上聚集到江南的各色各樣的物品，使得一五〇〇年代以後的江南，成為國際貿易的重要區域之一。[1]

但即使江南文化的發展深受蓬勃的商品經濟和國際貿易所影響，對江南文人來說，他們關心的品味、園林、戲曲、古董、名妓，都和世俗的商業活動遙不可及。但對泉州士大夫來說，商人和商業活動，卻是泉州經濟發展和人民生活的主旋律，所以在他們的文集、著作中，留下了大量和商人、商業有關的記載。

如果說倭亂、開海與商業是泉州士大夫關心的重點，卻從不曾進入江南文人的想像和著作中，那麼宗教就是兩個群體和兩地文化最大的交集了。

在晚明江南文人的著作中，顧起元、張岱和冒襄都留下了不少和宗教有關的記載。而冒襄的宗教體驗，無疑是其中最突出的。他虔誠的宗教信仰，在夢中和現實世界中近乎狂野的宗教描述，因為和個人及家人的生命息息相關，為文人／士大夫的宗教記敘，樹立了一個無可企及的標竿，即使在本書幾位泉州理學家的大量記敘中，也無人可與匹敵。

冒襄個人的宗教經驗雖然深入而狂放，但作為一個區域的集體心靈圖像，泉州敘事者所提供的大量豐富的案例，卻是明末江南文化中看不到的。生長、讀書在佛國的泉州士大夫，浸淫在泉州飽滿的怪力亂神的文化氛圍中，以至於他們的宗教記敘，像是一則又一則《天方夜譚》般的神話和鬼話。從和冒襄有親戚關係的何喬遠，到李光縉乃至林希元、李贄，都記載下來和個人乃至家族有關的特殊體驗。每個人的體驗，都讓人瞠目結舌，或是讚歎感傷。跳脫出個人的經驗，他們關於鬼怪、神仙、寺廟、陰魂的描述，光怪陸離，幾乎給人一種神魔亂舞的印象了。

這幾位理學家在他們的作品中，同時呈現了倭亂、商人和神仙鬼怪的歷史和故事，一方面顯示了作者本人淋漓的元氣和源源不絕的創作力；一方面也為我們提供了晚明泉州文化和民眾生活的集體物質和心靈圖像，可說是晚明泉州文化最佳的代言人和再現者。

注釋

第一章　導論

1 李東華，《泉州與我國中古的海上交通（九世紀末－十五世紀初）》（台北：學生書局，一九八六），頁二二五。

2 同前，頁二二六－二二八。

3 陳文石，《明洪武嘉靖間的海禁政策》（台北：台大文學院，一九六六），頁九十四。陳文石在本書第一章中，對明初的海盜和倭患有非常多史實的描述。

4 同前，頁一〇六－一〇九。

5 陳文石，〈明嘉靖年間浙福沿海寇亂與私販貿易的關係〉，《中央研究院歷史語言研究所集刊》，第三十六本（一九六五．十二），頁三七五－四一八。

6 徐泓，〈明代福建社會風氣的變遷〉，《東吳歷史學報》，第十五期（二〇一六．六），頁一五六。

7 卜正民著，黃中憲譯，《塞爾登先生的中國地圖：香料貿易、佚失的海圖與南中國海》（台北：聯經出版事業股份有限公司，二〇一五），頁一六五－一六六。

8 同前，頁一二一－一二二。

9 徐泓，〈明代福建社會風氣的變遷〉，頁一五九。

10 陽思謙等，《萬曆重修泉州府志》（萬曆四十年刻本）（台北：學生書局，一九八七），卷三，〈輿地志七・土風〉，頁五十五。

11 郭賡武、黃任纂，懷蔭布修，《乾隆泉州府志》，收於《中國地方志集成：福建府縣志輯》（上海：上海書局，二〇〇〇），卷二十，〈風俗〉，頁四八八。

12 汪瑀，《嘉靖安溪縣志》，卷一，〈風俗〉，頁十五—十六。引見徐泓，〈明代福建社會風氣的變遷〉，頁一六〇。

13 何喬遠，《閩書》，第一冊（福州：福建人民出版社，一九九五），卷三十八，〈風俗志〉，頁九四二。

14 同前，頁九四二—九四三。

15 郭賡武、黃任纂，懷蔭布修，《乾隆泉州府志》，卷二十，〈風俗〉，頁四八一。

16 同前，頁四八六。

17 何喬遠，《閩書》，第一冊，〈風俗志〉，頁九四三。

18 同前，頁四八七。

19 同前，頁四八二。

20 葉春及著，鄭煥章點校，《惠安政書》，收於「泉州文庫」（北京：商務印書館，二〇一二），頁三八一。

21 同前，頁八。

22 同前，頁二十九。

23 郭賡武、黃任纂，懷蔭布修，《乾隆泉州府志》，卷二十，〈風俗〉，頁四八八。

24 同前，頁四八八—四八九。

25 吳遠鵬點校，《泉南雜誌》，和前引《惠安政書》併成一冊，收於「泉州文庫」（北京：商務印書館，二〇一二），見〈校點後記〉，頁四一九。

26 同前，頁三九六。

27 同前。

28 李伯重，〈簡論「江南地區」的界定〉，《中國社會經濟史研究》（廈門：中國社會經濟史研究編輯部，一九九一），頁一〇〇—一〇七。

29 文震亨，《長物志》；屠隆著，陳劍點校，《考槃餘事》（兩書合刊）（杭州：浙江人民美術出版社，二〇一一），頁三；文震亨著，海軍、田君注釋，《長物志圖說》（濟南：山東畫報出版社，二〇〇四），頁二。

30 李孝悌，《昨日到城市：近世中國的逸樂與宗教》（台北：聯經出版事業股份有限公司，二〇〇八），頁八十五。也可參考本書簡體字版《戀戀紅塵：明清江南的城市、欲望和生活》（桂林：廣西師範大學出版社，二〇二二）。

31 同前，頁八十六。

32 同前，頁八十一—八十三，九十一—九十五。

33 王樹林，〈前言〉，侯方域著，王樹林校箋，《侯方域全集校箋》（北京：人民文學出版社，二〇一三），頁一—七。

34 余懷著，李金堂編校，〈前言〉，《余懷全集》，上（上海：上海古籍出版社，二〇一一），頁一。

35 陳寅恪，《柳如是別傳》，下（上海：上海古籍出版社，一九八〇）。陳寅恪在此書第五章，明確表示：「然則余氏既曾入質公之幕，則其人原是明末有匡世之志者，未可以尋常文士目之也。」「余韓關係如此，澹心之為復明運動之一人，自不待論。」頁一〇八二—一〇八三。

36 余懷著，李金堂編校，〈前言〉，《余懷全集》，上，頁二。

37 同前，陳其泰，〈序〉，頁二。

38 此處關於文震亨生平的簡介，見文震亨著，海軍、田君注釋，《長物志圖說》，頁二—三。

39 史景遷著，溫洽溢譯，《前朝夢憶：張岱的浮華與蒼涼》（台北，時報文化出版企業股份有限公司，二〇〇九），頁二一八—二三二。

40 張岱，〈夢憶序〉，收於其《瑯嬛文集》。陳萬益，《陶庵夢憶》（導讀版）（台北：金楓出版社，一九九九）收入此文，見該書頁二。

41 胡益民，《張岱評傳》（南京：南京大學出版社，二〇〇二），頁四十三—五十九。陳萬益，〈導讀〉，頁二。
42 胡益民，《張岱評傳》，頁六十二—六十三。
43 李孝悌，《昨日到城市：近世中國的逸樂與宗教》，頁四十二—五十二。
44 侯方域，〈李姬傳〉，王樹林校箋，《侯方域全集校箋》，頁二九一—二九二。
45 李孝悌，《昨日到城市：近世中國的逸樂與宗教》，頁六十一。
46 同前，頁七十一—七十三。
47 余懷著，李金堂編校，〈序〉，《余懷全集》，上，頁五。
48 余懷著，劉如溪點評，《板橋雜記》（青島：青島出版社，二〇〇二），頁十一。
49 同前，頁二十七。
50 張岱，〈王月生〉，張岱著，馬興榮點校，《陶庵夢憶．西湖夢尋》（北京：中華書局，二〇〇七），頁九十五。
51 張岱，〈秦淮河房〉，同前，頁四十六。
52 陳萬益，〈導讀〉，頁二。
53 李孝悌，《昨日到城市：近世中國的逸樂與宗教》，頁一一二—一一八。
54 張岱，〈金山夜戲〉，《陶庵夢憶．西湖夢尋》，頁十五。
55 李孝悌，《昨日到城市：近世中國的逸樂與宗教》，頁五十六。
56 柯律格（Craig Clunas）著，高昕丹、陳恆譯，洪再新校，《長物：早期現代中國的物質文化與社會狀況》，（北京：三聯書店，二〇一五），頁三十一。
57 同前，頁三十三—三十四。
58 文震亨著，海軍、田君注釋，《長物志圖說》，頁一—二。
59 張岱，〈阿育王寺舍利〉，《陶庵夢憶．西湖夢尋》，頁九十一—九十二。
60 張岱，〈報恩塔〉，同前，頁十二。

61 顧起元著，譚棣華、陳稼禾點校，《客座贅語》（北京，中華書局，一九八七）。

62 《江寧縣志》，收於《稀見中國地方志彙刊》，第十冊（北京：中國書店，一九九二，中國科學院圖書館選編），卷十，頁八五一。

63 參見李孝悌，《明清以降的宗教城市與啟蒙》（新北：聯經出版事業股份有限公司，二〇一九），第二章，〈顧起元的南京回憶〉，頁六十八—九十一。

64 Tobie Meyer-Fong, *What Remains: Coming to terms with civil war in 19th century China* (Stanford, California: Stanford University Press, 2013)；蕭琪、蔡松穎譯，《躁動的亡魂：太平天國戰爭的暴力、失序與死亡》（台北：衛城出版社，二〇二〇）。

65 顧憲成和高攀龍的簡要傳記，可參考步近智、張安奇著，《顧憲成・高攀龍評傳》（南京：南京大學出版社，一九九八），頁五十八—八十七。天啟六年，魏忠賢製造了屠殺「東林黨人」的大冤獄，對已罷官家居的高攀龍和周順昌、繆昌期、李應升、周宗建、黃尊素（黃宗羲之父）、周啟元，誣以貪贓罪，加以逮捕。文震亨參與了蘇州民眾對閹黨逮捕周順昌的鬥爭。高攀龍在獲知緹騎即將來到，就投湖自盡而死。見前引書，頁八十六。

66 于浩輯，《宋明理學家年譜》，第二冊（北京：北京圖書館出版社，二〇〇五），頁十一—十五，二十五—二十六。

67 楊時，《楊龜山先生全集》，第一冊（台北：學生書局，一九七四），頁一〇一—一〇二。

68 楊時撰，林海權校理，〈前言〉，《楊時集》，第一冊（北京：中華書局，二〇一八），頁二—三。

69 蕭敏如，《東林學派與晚明經世思潮》，林慶彰主編，《中國學術思想輯刊》，第二十一冊（台北縣：花木蘭文化事業有限公司，二〇〇九），頁一七二—一七五。

70 同前，頁一八七—一九三。

71 多洛肯，《明代福建進士研究》（上海：辭書出版社，二〇〇四），頁六十二—六十三。

72 同前，頁六十九—七十五。

73 林希元著，林海權點校，〈校點後記〉，《林次崖先生文集》（北京：商務印書館，二〇一八），頁四八八。林希元，號次崖。其他的出版品中都用《林次崖先生文集》，北京商務版則使用「次厓」。我在此書中仍沿用通行的寫法，作「林次崖」。

74 《明史》對林希元生平記載非常簡單，劉婷玉根據《林希元家譜》中林希元自傳等資料，重建他的任官經過。劉婷玉，〈「朱紈之死」與閩南士紳林希元——兼論嘉靖年間閩南區域秩序之變遷〉，《明史研究》，第二十期（二〇一三・六），頁四十三。

75 雷鋐，〈序〉，《林次崖先生文集》，頁四七五。

76 蔡獻臣，〈《林次崖先生文集》原序〉，同前，頁四七三。

77 同前。

78 張廷玉等，《明史》，第二十四冊（北京：中華書局，一九九五），卷二八二，頁七二三五。

79 林希元，《易經存疑》，影印本文淵閣《四庫全書》（台北：商務印書館，一九八三—一九八六），第三十冊，《提要》，頁一 b。

80 楊自平，〈論林希元《易經存疑》的義理發揮與致用思想〉，《中國文哲所集刊》，第三十二期（二〇〇八・三），頁一三一—一三五。

81 蔡獻臣，〈《林次崖先生文集》原序〉，頁四七三。

82 林希元，〈定南奏疏引〉，《林次崖先生文集》，卷四，頁九十五。

83 林希元，〈定大計以禦遠夷疏〉，同前，頁一〇四—一〇五。

84 林希元，〈定南奏疏引〉，頁九十五。

85 林希元，〈與周石崖提學書〉，《林次崖先生文集》，卷五，頁一四四。

86 林希元，〈辛丑至家祭祖文〉，《林次崖先生文集》，卷十六，頁四一九。

87 林希元，〈鳳山得地記〉，《林次崖先生文集》，卷十，頁二八四。

88 同前。

89 同前，頁二八四—二八五。

90 同前，頁二八五。

91 同前，頁二八五—二八六。

92 同前，頁二八六。

93 林海權，〈校點後記〉，《林次崖先生文集》，頁四八九—四九〇。

94 李光縉著，曾祥波點校，〈點校說明〉，《景璧集》，上、下（福州：福建人民出版社，二〇一二），頁一—三。

95 同前，頁三。

96 同前，頁二。傅衣凌的文章〈明代泉州安平商人史料輯補——讀李光縉《景璧集》、何喬遠《鏡山全集兩書札記》〉，收於傅衣凌，《傅衣凌治史五十年文編》（北京：中華書局，二〇〇七）。

97 李光縉，〈《儒林李氏族譜》序〉，《景璧集》，上，卷六，頁二三三—二三四。

98 何喬遠，〈出版前言〉，《鏡山全集》，第一冊（福州：福建人民出版社，二〇一五）。何喬遠，〈校點前言〉，《閩書》，第一冊，頁一。

99 何喬遠，〈校點前言〉，《閩書》，第一冊，頁一—二。

100 同前，頁二。

101 陳節，〈何喬遠及其《鏡山先生全集》〉（代序），《鏡山全集》，上，頁一—二。

102 林欲楫，〈先師何鏡山先生行略〉，同前，頁六十五。

103 陳節，〈何喬遠及其《鏡山先生全集》〉（代序），頁二。

104 李光縉，〈《萬曆集》序〉，〈《鏡山三集》序〉，《鏡山全集》，上，頁二十三—二十五。

105 林欲楫，〈先師何鏡山先生行略〉，頁五十八。

106 林如源，〈何司徒佳話〉，〈附錄〉，《鏡山全集》，下，頁一九五一。

107 林欲楫，〈先師何鏡山先生行略〉，頁五十八。

108 盧正恆，〈官與賊之間：鄭芝龍霸權及鄭部〉（新竹：清華大學歷史研究所碩士論文，二〇一二），頁八十一。按照盧正恆的考證，何喬遠是冒起宗的表弟，見同頁，註九十八。

109 陳節，〈何喬遠及其《鏡山先生全集》〉（代序），頁三。

110 林欲楫，〈先師何鏡山先生行略〉，頁六十二—六十三。

111 同前，頁六十三。

112 陳節，〈何喬遠及其《鏡山先生全集》〉（代序），頁三。

113 容肇祖，《明李卓吾先生贄年譜》（台北：商務印書館，一九八二），頁一。

114 張建業，《李贄評傳》（福州：福建人民出版社，一九八一），頁二十—二十三。陳清輝，《李卓吾生平及其思想研究》（台北：文津出版社，一九九三），頁五十二—六十二。

115 張建業，《李贄評傳》，頁三十，六十三—六十四。

116 李贄，〈卓吾論略〉，《焚書》，卷三，收於張建業主編，《李贄文集》，第一冊（北京：社會科學文獻出版社，二〇〇〇），頁七十九。

117 容肇祖，《明李卓吾先生贄年譜》，頁二—五。張建業，《李贄評傳》，頁三十三。

118 容肇祖，《明李卓吾先生贄年譜》，頁四十九—五十六。

119 陳清輝，《李卓吾生平及其思想研究》，頁一六九。

120 李贄，〈感慨平生〉，《焚書》，卷四，《李贄文集》，第一冊，頁一八五。

121 同前。

122 李贄，〈與焦弱侯〉，《焚書》，卷一，同前，頁三。

123 容肇祖，《明李卓吾先生贄年譜》，頁十一。

124 同前，頁十五。

125 同前，頁十七。

126 李贄，〈與莊純夫〉，《焚書》，卷二，《李贄文集》，第一冊，頁四十一。

127 陳清輝，《李卓吾生平及其思想研究》，頁一〇五—一〇七。

128 李贄，〈陽明先生年譜後語〉，李贄編，《陽明先生道學鈔》，收於張建業主編，《李贄全集續編》（北京：首都師範大學出版社，二〇一九），頁二六五。

129 同前。

130 陳清輝，《李卓吾生平及其思想研究》，頁八十—八十六。

131 李贄，〈聖教小引〉，《續焚書》，卷二，《李贄文集》，第一冊，頁六十三—六十四。

132 李贄，〈童心說〉，《焚書》，卷三，同前，頁九十一—九十二。

133 李贄，〈雜說〉，同前，頁九十一。詳細的討論，見鄭培凱，《湯顯祖與晚明文化》（台北：允晨文化實業股份有限公司，一九九五），頁二〇七，二一七—二二一。

134 鄭培凱，《湯顯祖與晚明文化》，頁三五七—三六四。

第二章　倭亂與開海

1 鄭舜功，《日本一鑑，窮河話海》，卷六，轉引自楊國楨，〈十六世紀東海中國與東亞貿易網絡〉，《江海學刊》（二〇〇二．四），頁十八。

2 同前。

3 何喬遠，《閩書》，第五冊，卷一四六，〈島夷志〉，頁四三五五。

4 同前。

5 同前。

6 一般把這項任命的時間定為嘉靖二十六年，見林麗月，〈閩南士紳與嘉靖年間的海上走私貿易〉，《台灣師範大學歷史學報》，第八期（一九八〇），頁一〇一。

7 何喬遠，《閩書》，第五冊，卷一四六，〈島夷志〉，頁四三五五。

8 同前。

9 同前，頁四三五五—四三五六。

10 同前，頁四三五六。

11 何喬遠，《名山藏》，卷一〇五，〈王享記．東南夷〉，三，《續修四庫全書》，四二七冊（上海：

上海古籍出版社，一九九五），頁六〇二—六〇三。
12 張廷玉等，《明史》，第十八冊，卷二〇五，〈朱紈傳〉，頁五四〇三—五四〇五。
13 何喬遠，《閩書》，第五冊，卷一四六，頁四三五六。
14 同前，頁四三五七。
15 同前。
16 同前，頁四三五七—四三五八。
17 同前，頁四三五八。
18 同前。
19 同前。
20 同前。
21 同前，頁四三五八—四三五九。
22 同前，頁四三五九。
23 陳文石，〈明嘉靖年間浙福沿海寇亂與私販貿易的關係〉，頁三八九。
24 張居正，《明世宗實錄》（台北：中央研究院歷史語言研究所，一九六六），卷三五〇，嘉靖二十八年「七月壬申」條。
25 陳文石，〈明嘉靖年間浙福沿海寇亂與私販貿易的關係〉，頁三八九。
26 劉婷玉，〈「朱紈之死」與閩南士紳林希元——兼論嘉靖年間閩南區域秩序之變遷〉，頁三十五。
27 朱紈，〈閱視海防事疏〉，收於《皇明經世文編》，卷二〇五，頁七下，引見林麗月，〈閩南士紳與嘉靖年間的海上走私貿易〉，頁九十九。
28 林麗月，〈閩南士紳與嘉靖年間的海上走私貿易〉，頁九十九。
29 劉婷玉，〈「朱紈之死」與閩南士紳林希元——兼論嘉靖年間閩南區域秩序之變遷〉，頁四十二。

30 同前，頁四十二—四十三。
31 林希元，〈與翁見愚別駕書〉，《林次崖先生文集》，卷五，頁一四七。
32 劉婷玉，〈「朱紈之死」與閩南士紳林希元——兼論嘉靖年間閩南區域秩序之變遷〉，頁四十五—四十六。
33 同前，頁四十六—四十七。
34 同前，頁四十七。
35 同前，頁五十六—五十七。
36 宋怡明（Michael Szonyi）著，鐘逸明譯，《被統治的藝術：中華帝國晚期的日常政治》（*The Art of Being Governed: Everyday Politics in Late Imperial China*）（新北：聯經出版事業股份有限公司，二〇二一），頁一八二。
37 同前，頁一八三。
38 同前，頁一八三。
39 同前，頁一七二—一七三。
40 同前，頁一七三—一七四。
41 同前，頁一七四。
42 林希元，〈與翁見愚別駕書〉，《林次崖先生文集》，卷五，頁一四六。
43 同前。
44 同前。
45 同前，頁一四七。
46 林希元，〈上巡按弭盜書〉，《林次崖先生文集》，卷六，頁一五五。
47 同前。
48 同前，頁一五五—一五六。
49 同前，頁一五六。

50 同前。
51 同前。
52 同前，頁一五五－一五七。
53 林希元，〈請巡海道乘勝滅賊書〉，《林次崖先生文集》，卷六，頁一五七。
54 同前。
55 同前，頁一五七－一五八。
56 林希元，〈上巡按二司防倭揭帖〉，《林次崖先生文集》，卷六，頁一六八－一六九。
57 同前，頁一六九。
58 同前。
59 同前，頁一七〇。
60 同前。
61 同前。
62 何喬遠，〈扞圉志〉，《鏡山全集》，中，卷二十六，頁七一二－七一三。
63 何喬遠，〈沈將軍惠民碑〉，《鏡山全集》，下，卷五十二，頁一三六七。
64 同前，頁一三六八。
65 同前。
66 何喬遠，〈保障篇序〉，《鏡山全集》，中，卷三十八，頁一〇三一－一〇三二。
67 何喬遠，〈贈沈將軍捕倭序〉，《鏡山全集》，中，卷四十三，頁一一五六。
68 同前，頁一一五六－一一五七。
69 同前。
70 同前，頁一一五七。
71 同前。
72 台灣銀行經濟研究室編輯，〈沈有容〉，《明史選輯》，上，《台灣歷史文獻叢刊》（台灣省文獻委員會印行，一九九七），頁一四二—一四三。
73 何喬遠，〈張如夫人墓誌〉，《鏡山全集》，下，卷七十二，頁一九〇四。
74 同前，頁一九〇五。
75 李光縉，〈昭毅將軍福建參署都指揮僉事四一王公暨配誥封淑人肅懿莊氏墓誌銘〉，《景壁集》，下，卷十六，頁七八五—七八八。
76 台灣銀行經濟研究室編輯，《明實錄閩海關係史料》，《台灣歷史文獻叢刊》（台灣省文獻委員會印行，一九九七），頁三十七。
77 李光縉，〈昭毅將軍福建參署都指揮僉事四一王公暨配誥封淑人肅懿莊氏墓誌銘〉，頁七八五—七八六。
78 同前，頁七八六。
79 同前。
80 同前，頁七八六—七八七。
81 何喬遠，《閩書》，第五冊，卷一四六，頁四三五八。
82 李光縉，〈昭毅將軍福建參署都指揮僉事四一王公暨配誥封淑人肅懿莊氏墓誌銘〉，頁七八七。
83 同前。
84 同前，頁七八八。
85 容肇祖，《明李卓吾先生贅年譜》，頁三。
86 李贄，〈卓吾論略〉，《焚書》，卷三，《李贄文集》，第一冊，頁七十九。
87 同前。
88 林希元始修，林道坦續修，《林希元家譜》，頁四十二。轉引自劉婷玉，〈「朱紈之死」與閩南士紳林希元——兼論嘉靖年間閩南區域秩序之變遷〉。
89 李光縉對這段歷史先後寫了兩篇文章，這裡引自李光縉，〈忠孝殊恩論〉，《景璧集》，上，頁四五四。

90 李光縉，〈〈莊孝子傳〉敘〉，《景璧集》，上，頁二四一。

91 同前。

92 同前，頁二四一—二四二。

93 同前，頁二四二。

94 李光縉，〈忠孝殊恩論〉，《景璧集》，上，頁四五五。

95 何喬遠，〈傅封公暨陳孺人行狀〉，《鏡山全集》，下，卷六十二，頁一六〇三。

96 傅鎮的簡歷，見《福建通志》，卷四十六，收於《北京圖書館古籍珍本叢刊》，三十五（北京：書目文獻出版社，一九八八），頁二三二一；及何喬遠，〈傅封公暨陳孺人行狀〉，頁一六〇四。

97 何喬遠，〈傅封公暨陳孺人行狀〉，頁一六〇三。

98 同前，頁一六〇四。

99 同前，頁一六〇四—一六〇五。

100 李光縉，〈〈王孝子傳〉敘〉，《景璧集》，上，頁二四二—二四三。

101 同前，頁二四四。

102 同前，頁二四三。

103 張廷玉等，《明史》，卷二四二，〈何喬遠傳〉，收於《明史選輯》，上，頁一四二一。

104 何喬遠，〈請開海禁疏〉，《鏡山全集》，中，卷二十三，頁六七四。

105 同前，頁六七四—六七五。

106 同前，頁六七五。

107 同前。

108 同前，頁六七六。

109 同前。

110 何喬遠，〈開洋海議〉，《鏡山全集》，中，卷二十四，頁六八七。

111 同前，頁六八七—六八八。

112 同前，頁六八八。

113 黃省曾著，謝方校注，《西洋朝貢典錄校注》；張燮著，謝方點校，《東西洋考》合刊本（北京：中華書局，二〇〇〇），頁五—六。《鏡山全集》的〈附錄〉部分，收集了何生前門生、好友、至親的悼詞、祭文。張燮即以「龍溪小友」的身分，寫了一篇對這位生平知己的老友的祭文，參見《鏡山全集》，下，頁一九二七—一九二八。

114 張燮著，謝方點校，《東西洋考》，頁一二七。

115 同前，頁一二七—一二九。

116 湯錦台，《開啟台灣第一人鄭芝龍》（台北：果實出版社，二〇〇二），頁八十五—八十九，一七六。

117 同前，頁九十四。

118 同前，頁一三〇。

119 何喬遠，〈開洋海議〉，頁六八八。

120 同前。

121 同前，頁六八九。

122 同前。

123 同前。

124 同前，頁六九〇。

125 湯錦台，《開啟台灣第一人鄭芝龍》，頁三十九—四十。

126 同前，頁四十八，五十九—六十，七十三—七十四。

127 同前，頁一一九—一二五。

128 同前，頁一二五—一二六。

129 台灣銀行經濟研究室編輯，《明實錄閩海關係史料》，頁一四六—一四七。

130 何喬遠，〈與鄭芝龍書〉，《鏡山全集》，中，卷三十四，頁九〇七—九〇八。

131 傅衣凌認為何喬遠對鄭芝龍的同情，並要求崇禎重用他，還有待考慮。見傅衣凌、陳支平，《明清福建社會經濟史料雜抄》（續九），《中國社會經濟史研究》，一九八八，第二期，頁一一二—一一三。

132 何喬遠，〈謹瀝林壑微忠疏〉，《鏡山全集》，中，卷二十三，頁六六三。

133 同前。

134 李清馥撰，徐公喜主編，《閩中理學淵源考》，下（南京：鳳凰出版社，二〇一一），頁七八三。

135 陳節，〈何喬遠及其《鏡山先生全集》〉（代序），頁五。

136 林欲楫，〈先師何鏡山先生行略〉，頁六十。

137 何喬遠，〈海上小議〉，《鏡山全集》，中，卷二十四，頁六八六。

138 同前。

第三章　商業

1 李贄，〈又與焦弱侯〉，《焚書》，卷二，《李贄文集》，第一冊，頁四十五。

2 同前，頁四十四。

3 同前，頁四十五。

4 李贄，〈答耿中丞〉，《焚書》，卷一，《李贄文集》，第一冊，頁十五—十六。

5 同前，頁十六。

6 同前。

7 湛若水撰，《遵道錄》；李贄、劉東星同撰，《明燈道古錄》合刊本（台北縣：廣文書局，一九八三），卷下第一章。可參考張建業，《李贄評傳》，頁一五四—一五五。
8 李贄，〈答鄧明府〉，《焚書》，卷一，《李贄文集》，第一冊，頁三十六。
9 林希元，〈敦義記送饒一貫歸廣〉，《林次崖先生文集》，卷十，頁二八三。
10 同前，頁二八四。
11 同前。
12 林希元，〈質庵黃處士墓誌銘〉，《林次崖先生文集》，卷十三，頁三五四。
13 同前。
14 同前。
15 同前，頁三五五。
16 林希元，〈許處士墓誌銘〉，《林次崖先生文集》，卷十三，頁三五六。
17 同前。
18 同前。
19 同前，頁三五六—三五七。
20 林希元，〈洪處士墓誌銘〉，《林次崖先生文集》，卷十三，頁三五七—三五八。
21 林希元，〈贈南京大理寺評事益齋鍾公墓表〉，同前，頁三六〇。
22 同前，頁三六〇—三六一。
23 同前，頁三六一。
24 同前，頁三六二。
25 傅衣淩，〈明代泉州安平商人史料輯補——讀李光縉《景璧集》、何喬遠《鏡山全集》兩書札記〉，頁二二二。
26 何喬遠，《閩書》，第一冊，卷三十八，〈風俗〉，頁九四二。
27 傅衣淩，〈明代泉州安平商人史料輯補——讀李光縉《景璧集》、何喬遠《鏡山全集》兩書札記〉，頁二二二—二二三。

28 何喬遠，〈番薯頌〉，《鏡山全集》，中，卷二十七，頁七三三。

29 同前，頁七三三—七三四。

30 何喬遠，《閩書》，第五冊，卷一五〇，頁四四三六—四四三七。

31 Ping-ti Ho, "The Introduction of American Food Plants into China," *American Anthropologist*, vol. 57, no. 2 (April, 1955), pp. 191-201.

32 全漢昇，〈美洲發現對於中國農業的影響〉，收於氏著，《中國經濟史研究》，二（新北：稻鄉出版社，二〇〇三），頁二二九、二三六。

33 同前，頁二二六—二二七。

34 何喬遠，〈楊郡丞安平鎮海汛碑〉，《鏡山全集》，下，卷五十二，頁一三七〇。

35 同前。

36 何喬遠，〈楊郡丞安平鎮海汛碑〉，《鏡山全集》，下，卷五十二，頁一三七〇—一三七一。

37 何喬遠，〈壽顏母序〉，《鏡山全集》，中，卷四十八，頁一二七六。

38 同前，頁一二七六—一二七七。

39 何喬遠，〈曾里君墓誌銘〉，《鏡山全集》，下，卷七十，頁一八二七—一八二八。

40 同前，頁一八二八。

41 何喬遠，〈何氏祠堂碑〉，《鏡山全集》，下，卷五十三，頁一三九五。

42 同前，頁一三九五—一三九六。

43 根據文章的前後文，這位寓西兄伯顯然和李光縉是關係極親近的同村族人，後來遷移至安平：「余笑曰：『兄伯有所長，非苟也。余家世治書，不喜賈。有之，但坐窺市井耳，不喜行賈。兄伯自其王父繇吾儒林徙安平。』」「其曾王父與余曾王父共穴而葬，兄伯出橐中金修塋設蒸。」李光縉，〈寓西兄伯壽敘〉，《景璧集》，上，頁一二〇—一二一，一二二。「儒林」指的是晉江磁灶鎮，寓西兄伯的祖父由「吾儒林徙安平」。李光縉是晉江人。這篇文章是慶祝寓西兄伯七十歲生日而作。

44 同前，頁一二〇。

45 這裡的「南澳」，指的應該是位於廣東、福建交會處外海的南澳。根據《東西洋考》的記載，在萬曆年間，南澳和浯嶼、銅山等地，都是海外商賈出入的重要海島，明政府在這些地點特別設置了徵稅的關卡。更早一些，「（嘉靖）二十六年，有佛郎機船載貨泊浯嶼，漳、泉賈人往貿易焉」。見張燮，《東西洋考》，頁一三一、一三三。

46 同前，頁八十九。

47 李光縉，〈寓西兄伯壽敘〉，頁一二一。

48 同前。

49 張燮，《東西洋考》，頁九十二。

50 陳國棟，〈馬尼拉大屠殺與李旦出走日本的一個推測（一六〇三—一六〇七）〉，《台灣文獻》，六十：三（二〇〇九．九），頁四四—四五。

51 李光縉，〈寓西兄伯壽敘〉，頁一二一—一二三。

52 同前，頁一二二。

53 李光縉，〈處士陳斗巖公傳〉，《景璧集》，下，頁六四四—六四五。

54 同前，頁六四五。

55 同前。

56 同前。

57 同前。

58 李光縉，〈壽安平節母鄭孺人六十敘〉，《景璧集》，上，頁一八二。

59 同前。

60 同前，頁一八三。

61 李光縉，〈史母沈孺人壽序〉，《景璧集》，上，頁一八三。

62 同前。

63 同前，頁一八三—一八四。
64 同前，頁一八四。
65 同前。
66 李光縉，〈王母慈節史太孺人傳〉，《景璧集》，下，頁六六八—六六九。
67 同前，頁六六九。
68 同前，頁六六九—六七〇。由於本文沒有提到其他任何的年代，我們姑且假設王際揆中進士的年代是萬曆四十四年（一六一六）。
69 李光縉，〈錢峰洪公傳〉，《景璧集》，下，頁六一七。
70 同前，頁六一七—六一八。
71 同前，頁六一八。
72 同前。
73 李光縉，〈梅峰鄭季公先生傳〉，《景璧集》，下，頁六三四—六三五。
74 同前，頁六三五。
75 同前，頁六三五—六三六。
76 同前，頁六三六。
77 李光縉，〈莊贈公肖陶先生傳〉，《景璧集》，下，頁六三六—六三七。
78 同前，頁六三七—六三八。
79 同前，頁六三八—六三九。
80 同前，頁六三九。
81 這篇文章，收於《陽明全書》，卷二十五。轉引自余英時，《中國近世宗教倫理與商人精神》（新北：聯經出版事業股份有限公司，二〇一八，三版），頁一〇四—一〇五。
82 傅衣淩，〈明代泉州安平商人史料輯補——讀李光縉《景璧集》、何喬遠《鏡山全集》兩書札記〉，頁二一二一。

83 關於徽商經營的各項商品，包括茶葉、木材、典當和棉業，可參考張海鵬、王廷元主編，《徽商研究》（合肥：安徽人民出版社，一九九五），第五章。關於徽商在明中葉以後和兩淮鹽業的關係及發展，見同書，第四章。

84 根據王振忠的研究，在明萬曆年間，數百家的鹽商已經造就了揚州「富甲天下」的榮景；清康、雍年間，揚州經濟在劫亂之後，再度穩定地成長。康熙、乾隆多次南巡揚州，更對城市的風貌帶來深刻的改變。見王振忠，《明清徽商與淮揚社會變遷》（北京：三聯書店，一九九六），頁七十七—七十八。

85 乾隆六次南巡，使揚州戲曲活動的蓬勃發展達到高峰。徽商為了供奉乾隆南巡，除了自己蓄養家班，還不惜耗費巨大財力，把包括崑腔在內的各種腔調（所謂的雅部和亂彈）的戲班徵集起來，特聘名伶，聘請名家譜曲，精製戲裝，趕排新戲。在迎鑾接駕過程中表現好的揚州鹽商，不僅可獲得皇帝欽賜珍貴物品，還有匾額、對聯等精神嘉獎。同時，也可在經濟利益上獲得更加實際的好處，如加官晉爵和經營鹽業所需要的權限，因此刺激了官員和鹽商發展戲曲的動機和決心。關於乾隆南巡和揚州鹽商對崑曲和地方戲曲在揚州的發展，特別是四大徽班在進京上扮演的重要角色，可參考秦毓茹，〈清代揚州劇壇研究〉（中壢：中央大學中文所博士論文，二〇一三），第三及第四章。關於明末清初徽商對藝術品的贊助與經營，可參考張長虹，《品鑒與經營：明末清初徽商藝術贊助研究》（北京：北京大學出版社，二〇一〇）。

86 余英時，《中國近世宗教倫理與商人精神》，頁一七八—一八五，特別是頁一八二。

87 同前，頁一〇四—一六一，引文見頁一五〇—一五一及一六一。

第四章　宗教

1 李贄，〈與曾繼泉〉，《焚書》，卷二，《李贄文集》，第一冊，頁四十八。

2 林其賢，《李贄的佛學與世學》（台北：文津出版社，一九九二），頁一八三；陳清輝，《李卓吾生平及其思想研究》，頁二六九。

3 容肇祖，《明李卓吾先生贅年譜》，頁十七—十八。

4 林其賢，《李贄的佛學與世學》，頁一八四。萬曆二十一年（一五九三），袁宗道到龍潭問學，寫了〈記龍湖〉一文：「龍湖一云龍潭，去麻城三十里。萬山瀑流，雷奔而下，與溪中石骨相觸。……潭深十餘丈，望之深青，如有龍眠。……潭右為李宏甫精舍，佛殿始落成。」轉引自容肇祖，《明李卓吾先生贅年譜》，頁三十二。

5 李贄，〈鬼神論〉，《焚書》，卷三，《李贄文集》，第一冊，頁八十五。

6 同前，頁八十六。

7 同前，頁八十五—八十六。

8 同前。

9 李贄，〈祭無祀文代作〉，《焚書》，卷三，《李贄文集》，第一冊，頁一一七—一一八。根據容肇祖的《明李卓吾先生贅年譜》，李贄這一年旅居北京極樂寺，見該書頁三十八。

10 同前，頁一一七。

11 同前，頁一一八。

12 李贄，〈禮誦藥師告文〉，《焚書》，卷四，《李贄文集》，第一冊，頁一三九—一四〇。

13 李贄，〈禮誦《藥師經》畢告文〉，同前，頁一四一。

14 李贄，〈代常通病僧告文〉，同前，頁一四一—一四二。

15 李贄，〈移住上院邊廈告文〉，同前，頁一四〇—一四一。

16 李贄，〈告土地文〉，同前，頁一四三。

17 李贄，〈關王告文〉，《焚書》，卷三，《李贄文集》，第一冊，頁一一一。

18 同前。

19 容肇祖，《明李卓吾先生贅年譜》，頁七—九。

20 陳清輝，《李卓吾生平及其思想研究》，頁八十七。

21 容肇祖，《明李卓吾先生贅年譜》，頁九。
22 林希元，〈與舒國裳修撰同年書二〉，《林次崖先生文集》，卷五，頁一二五。
23 林希元，〈彭城復馬宗孔同年書〉，同前，頁一二八。
24 林希元，〈王政附言疏〉，《林次崖先生文集》，卷二，頁五十。
25 同前，頁四十九。
26 同前，頁五十—五十一。
27 同前，頁五十一。
28 林希元，〈欽州興造始末記〉，《林次崖先生文集》，卷十，頁二九四—二九五。
29 林希元，〈論僧寺〉，《林次崖先生文集》，卷十一，頁三〇四—三〇五。
30 同前，頁三〇五。
31 林希元，〈體高明朱尹祈雨有應冊〉，《林次崖先生文集》，卷十二，頁三三〇。
32 同前。
33 兩篇文章分別是：〈贈彭石坡邑侯禱雨有應序〉和〈賀譚瓶臺邑侯禱雨有應序〉，《林次崖先生文集》，卷八，頁二二一—二二二，二二〇—二二一。
34 林希元，〈贈彭石坡邑侯禱雨有應序〉，頁二二一—二二二。
35 林希元，〈賀譚瓶臺邑侯禱雨有應序〉，頁二二〇。
36 林希元，〈送郡侯熊北潭考績序〉，《林次崖先生文集》，卷八，頁二三〇—二三一。
37 林希元，〈送興二守新溪李公還郡序〉，《林次崖先生文集》，卷九，頁二四七。
38 林希元，〈鱗瑞亭記〉，《林次崖先生文集》，卷十，頁二八一—二八二。
39 林希元，〈祭宋太府林少卿文〉，《林次崖先生文集》，卷十五，頁四〇四。
40 同前。
41 根據宋怡明的研究，林希元是出身在同安的軍戶。到了明代中期，林家初次編纂族譜的時候，他們已經無從追溯林家早期的歷史。見宋怡明著，鐘逸明譯，《被統治的藝術：中華帝國晚期的日常政治》，頁一五八、二八三—二八四。所以林希元在此之前，可能真的對這位宋代先人的下場，一無所知。

42 同前，頁四〇五。

43 林欲楫，〈先師何鏡山先生行略〉，頁四十九。

44 李焻，〈先師何鏡山先生行述〉，頁六十七。

45 林欲楫，〈先師何鏡山先生行略〉，頁四十九。

46 何喬遠，〈山寺紅菊頌〉，《鏡山全集》，中，卷二十七，頁七三四。

47 何喬遠，〈山寺黃菊頌〉，同前。

48 何喬遠，〈呂純陽先生傳〉，《鏡山全集》，下，卷五十五，頁一四三二。

49 同前。

50 同前，頁一四三二—一四三三。

51 同前，頁一四五三。

52 何喬遠，〈呂純陽先生像贊——降乩命作〉，《鏡山全集》中，卷二十七，頁七三五。

53 李光縉，〈奎宿真夢〉，《景璧集》，下，頁九四七—九四九；郭賡武、黃任纂，懷蔭布修，《乾隆泉州府志》，卷七十五，〈拾遺〉下，頁六七六。

54 郭賡武、黃任纂，懷蔭布修，《乾隆泉州府志》，卷七十五，〈拾遺〉下，頁六七六。

55 同前。

56 李光縉，〈奎宿真夢〉，頁九四八。

57 我的相關研究，分別見〈儒生冒襄的宗教生活〉、〈士大夫的逸樂：王士禛在揚州〉，俱收於《昨日到城市：近世中國的逸樂與宗教》；〈白下瑣言：十九世紀的南京記事〉，收於《明清以降的宗教城市與啟蒙》。

58 何喬遠，〈張贈公陳安人合傳〉，《鏡山全集》下，卷六十，頁一五五九—一五六〇。

59 何喬遠，〈蔡處士夫婦合傳〉，同前，頁一五六六。

60 同前，頁一五六七—一五六八。
61 何喬遠，〈昔者吾友蘇司寇公行狀〉，《鏡山全集》，下，卷六十四，頁一六七六—一六七七。
62 同前，頁一六七四—一六七五。
63 李光縉，〈張磐溪先生傳〉，《景璧集》，下，卷十三，頁六一一—六一二。
64 同前，頁六一二—六一三。
65 同前。
66 同前，頁六一三。
67 他的侄兒通議公告訴李光縉：「天不欲使吾仲父仕也，將假以極研地理也。吾仲父不以他技易地理也。則將為天生賢才也。」看起來是相當有道理的說法。見前文，頁六一三。
68 同前，頁六一四。
69 李光縉，〈資生宮記〉，《景璧集》，上，卷八，頁三八一。
70 同前。
71 同前。
72 同前，頁三八一—三八二。
73 李光縉，〈說真編〉，《景璧集》，下，卷十九，頁九三一。
74 同前。
75 李光縉，〈詹季公傳〉，《景璧集》，下，卷十三，頁六〇六。
76 同前，頁六〇七。
77 同前。
78 同前，頁六〇八—六〇九。
79 同前，頁六〇九。
80 何喬遠，〈《開元寺志》序〉，《鏡山全集》，中，卷三十五，頁九三三—九三四。
81 釋元賢著，吳幼雄點校，〈建置志〉，《溫陵開元寺志》（與《瘦松集》合刊），收於「泉州文庫」

（北京：商務印書館，二〇一九），頁九。

82 何喬遠，〈《開元寺志》序〉，頁九三四。

83 釋元賢著，吳幼雄點校，《溫陵開元寺志》，頁九；蔡一槐，〈開元寺弭災誦功德碑〉，收於釋元賢著，吳幼雄點校，《溫陵開元寺志》，頁三十二。

84 蔡一槐，〈開元寺弭災誦功德碑〉，頁三十二。

85 蔡一槐，〈開元寺弭災誦功德碑〉，頁三十二；何喬遠，〈《開元寺志》序〉，頁九三四。

86 蔡一槐，〈開元寺弭災誦功德碑〉，頁三十二。

87 同前。

88 何喬遠，〈《開元寺志》序〉，頁九三四。

89 釋元賢著，吳幼雄點校，〈建置志〉，頁十。

90 蔡一槐，〈開元寺弭災誦功德碑〉，頁三十二。

91 同前。

92 同前，頁三十二—三十三。

93 見第二章，註一三二及一三三。

94 盧正恆，〈官與賊之間：鄭芝龍霸權及鄭部〉，頁九十，註一五〇。

95 同前，頁九十一。

96 同前，頁九十七。

97 何喬遠，〈超度李魁奇陰魂詞〉，《鏡山全集》，下，卷六十四，頁一六九三。

98 何喬遠，〈告閩羅疏〉，《鏡山全集》，中，卷二十八，頁七七五。

99 郭賡武、黃任纂，懷蔭布修，《乾隆泉州府志》，卷七十五，〈拾遺〉下，頁六七七。

100 同前，頁六七六—六七七。

101 同前，頁六八〇。

102 同前，頁六七〇。

103 同前，頁六六六。

104 同前。

105 同前，頁四四四。

106 同前，頁六六五—六六六。

107 何喬遠，《閩書》，第五冊，卷一四八，〈祥異志〉，頁四三九二。

108 郭賡武、黃任纂，懷蔭布修，《乾隆泉州府志》，卷六十五，〈方外〉，頁四四四五。

109 同前。

110 參見朱維幹，《福建史稿》，下（福州：福建教育出版社，一九八六），頁一一四—一一二八。

111 郭賡武、黃任纂，懷蔭布修，《乾隆泉州府志》，卷六十五，〈方外〉，頁四四四五。

112 同前。

113 由於中央大學中文系卓清芬教授的介紹、安排，我可以和靜宜大學台灣文學系的黃文成教授請教何喬遠和呂純陽會面的一些疑惑。黃教授對另一個超凡世界有相當深入的了解，他並特別提醒我注意呂純陽邀約的目的，我據以重讀何喬遠的文章。我要特別感謝他們。

根據黃教授的說法，呂純陽是以其「靈能」附身在一位特別挑選出來的人身上，然後以呂純陽的氣勢與能力和何喬遠見面。黃教授認為，呂純陽非常重視在人間宣揚他的道教功法和道德理念。《太乙金華宗旨》就是根據他的旨意，在清代出版的一本重要的道教丹道經典。

呂純陽再三託人邀請何喬遠會面，基本用意，也是想透過何喬遠在當代福建的聲名和影響力，來宣揚自己的理念。何在兩篇文章中除了描述了他的神仙之術和架勢外，還特別引用了呂純陽的夫子自道，說明他對孔孟之道的尊重：「余雖神仙人，不離宗丘軻。」何喬遠緊接著評論道：「余益見先生所養之純，所學之正有未易以語人者。」顯然一般人無法了解呂純陽純正的儒家學養，只有像何喬遠這樣的一代大儒，才能了解神仙呂洞賓的這一個面相，並為之宣揚。

呂純陽特別強調：「使天下都學仙人則不成人道。」更進一步說明他對人間世俗之道的重視。

在這篇〈呂純陽先生傳〉的結尾，清楚說明呂邀請何的目的，而何喬遠在和呂純陽十多天的相處後，也確實對他的天／人之道，有了更深入的了解：「先生謂周士曰：『請何先生為我傳數言而已，無煩先生也。』余謂不詳先生世，將不知先生之道之大，而徒謂先生言吉凶禍福人而已。至此亦不覺其縷縷矣。」

第五章　結論

1　可參考卜正民著，方駿、王秀麗、羅天佑譯，《縱樂的困惑：明代的商業與文化》（桂林：廣西師大出版社，二〇一六），頁二三一—二三六。

書目

基本史料

《江寧縣志》，收於《稀見中國地方志彙刊》，北京：中國書店，一九九二，第十冊，中國科學院圖書館選編。

《福建通志》，收於《北京圖書館古籍珍本叢刊》，三十五，北京：書目文獻出版社，一九八八。

于浩輯，《宋明理學家年譜》，第二冊，北京：北京圖書館出版社，二〇〇五。

文震亨著，海軍、田君注釋，《長物志圖說》，濟南：山東畫報出版社，二〇〇四。

文震亨，《長物志》；屠隆著，陳劍點校，《考槃餘事》（兩書合刊），杭州：浙江人民美術出版社，二〇一一。

台灣銀行經濟研究室編輯，《明史選輯》，上，《台灣歷史文獻叢刊》，台灣省文獻委員會印行，一九九七。

台灣銀行經濟研究室編輯，《明實錄閩海關係史料》，《台灣歷史文獻叢刊》，台灣省文獻委員會印行，一九九七。

何喬遠，《閩書》，五冊，福州：福建人民出版社，一九九四—一九九五。

何喬遠，《名山藏》，〈王享記・東南夷〉，三，《續修四庫全書》，四二四—四二七冊，上海：上海古籍出版社，一九九五。

何喬遠，《鏡山全集》，福州：福建人民出版社，三冊，二〇一五。

余懷著，劉如溪點評，《板橋雜記》，青島：青島出版社，二〇〇二。

余懷著，李金堂編校，《余懷全集》，上，上海：上海古籍出版社，二〇一一。

吳遠鵬點校，《泉南雜誌》，和《惠安政書》併成一冊，收於「泉州文庫」，北京：商務印書館，二〇一二。

李光縉著，曾祥波點校，《景壁集》，上、下，福州：福建人民出版社，二〇一二。

李清馥撰，徐公喜主編，《閩中理學淵源考》，下，南京：鳳凰出版社，二〇一一。

李贄，《焚書》，收於張建業主編，《李贄文集》，第一冊，北京：社會文獻出版社，二〇〇〇。

李贄編，《陽明先生道學鈔》，收於張建業主編，《李贄全集續編》，北京：首都師範大學出版社，二〇一九。

林希元著，林海權點校，《林次崖先生文集》，北京：商務印書館，二〇一八。

侯方域著，王樹林校箋，《侯方域全集校箋》，北京：人民文學出版社，二〇一三。

張廷玉等，《明史》，北京：中華書局，一九九五。

張居正，《明世宗實錄》，台北：中央研究院歷史語言研究所，一九六六。

張岱著，馬興榮點校，《陶庵夢憶．西湖夢尋》，北京：中華書局，二〇〇七。

郭賡武、黃任纂，懷蔭布修，《乾隆泉州府志》，收於《中國地方志集成：福建府縣志輯》，上海：上海書局，二〇〇〇。

湛若水撰，《遵道錄》：李贄、劉東星同撰，《明燈道古錄》合刊本，台北縣：廣文書局，一九八三。

陽思謙等，《萬曆重修泉州府志》（萬曆四十年刻本），台北：學生書局，一九八七。

黃省曾著，謝方校注，《西洋朝貢典錄校注》；張燮著，謝方點校，《東西洋考》合刊本，北京：中華書局，二〇〇〇。

楊時，《楊龜山先生全集》，第一冊，台北：學生書局，一九七四。

楊時撰，林海權校理，《楊時集》，第一冊，北京：中華書局，二〇一八。

葉春及著，鄭煥章點校，《惠安政書》，收於「泉州文庫」，北京：商務印書館，二〇二一。
影印本文淵閣《四庫全書》，台北：商務印書館，一九八三—一九八六。
釋元賢著，吳幼雄點校，《溫陵開元寺志》（與《瘦松集》合刊），收於「泉州文庫」，北京：商務印書館，二〇一九。
顧起元著，譚棣華、陳稼禾點校，《客座贅語》，北京：中華書局，一九八七。

相關研究

卜正民（Timothy Brook）著，黃中憲譯，《塞爾登先生的中國地圖：香料貿易、佚失的海圖與南中國海》，台北：聯經出版事業股份有限公司，二〇一五。
卜正民著，方駿、王秀麗、羅天佑譯，《縱樂的困惑：明代的商業與文化》，桂林：廣西師大出版社，二〇一六。
王振忠，《明清徽商與淮揚社會變遷》，北京：三聯書店，一九九六。
史景遷著，溫洽溢譯，《前朝夢憶：張岱的浮華與蒼涼》，台北：時報文化出版企業股份有限公司，二〇〇九。
全漢昇，〈美洲發現對於中國農業的影響〉，收於氏著，《中國經濟史研究》，二，新北：稻鄉出版社，二〇〇三。
多洛肯，《明代福建進士研究》，上海：辭書出版社，二〇〇四。
朱維幹，《福建史稿》，下，福州：福建教育出版社，一九八六。
余英時，《中國近世宗教倫理與商人精神》，新北：聯經出版事業股份有限公司，二〇一八，三版。
宋怡明（Michael Szonyi）著，鐘逸明譯，《被統治的藝術：中華帝國晚期的日常政治》，新北：聯經出版事業股份有限公司，二〇二一。
李伯重，〈簡論「江南地區」的界定〉，《中國社會經濟史研究》，廈門：中國社會經濟史研究編輯部，一九九一。
李孝悌，《昨日到城市：近世中國的逸樂與宗教》，台北：聯經出版事業股份有限公司，二〇〇八。
李孝悌，《明清以降的宗教城市與啟蒙》，新北：聯經出版事業股份有限公司，二〇一九。
李孝悌，《戀戀紅塵：明清江南的城市、欲望和生活》，桂林：廣西師範大學出版社，二〇二二。
李東華，《泉州與我國中古的海上交通（九世紀末—十五世紀初）》，台北，學生書局，一九八六。
步近智、張安奇著，《顧憲成．高攀龍評傳》，南京：南京大學出版社，一九九八。
林其賢，《李贄的佛學與世學》，台北：文津出版社，一九九二。
林麗月，〈閩南士紳與嘉靖年間的海上走私貿易〉，《台灣師範大學歷史學報》，第八期，一九八〇。
柯律格（Craig Clunas）著，高昕丹、陳恆譯，洪再新校，《長物：早期現代中國的物質文化與社會狀況》，北京：三聯書店，二〇一五。
胡益民，《張岱評傳》，南京：南京大學出版社，二〇〇二。
容肇祖，《明李卓吾先生贄年譜》，台北：商務印書館，一九八二。
徐泓，〈明代福建社會風氣的變遷〉，《東吳歷史學報》，第十五期，二〇一六．六。
秦毓茹，〈清代揚州劇壇研究〉，中壢：中央大學中文所博士論文，二〇一三。
張長虹，《品鑒與經營：明末清初徽商藝術贊助研究》，北京：北京大學出版社，二〇一〇。
張建業，《李贄評傳》，福州：福建人民出版社，一九八一。
張海鵬、王廷元主編，《徽商研究》，合肥：安徽人民出版社，一九九五。
梅爾清（Tobie Meyer-Fong）著，蕭琪、蔡松穎譯，《躁動的亡魂：太平天國戰爭的暴力、失序與死亡》，台北：衛城出版社，二〇二〇。
陳文石，〈明嘉靖年間浙福沿海寇亂與私販貿易的關係〉，《中央研究院歷史語言研究所集刊》，第三十六本（一九六五．十二）。
陳文石，《明洪武嘉靖間的海禁政策》，台北：台大文學院，一九六六。
陳國棟，〈馬尼拉大屠殺與李旦出走日本的一個推測（一六〇三—一六〇七）〉，《台灣文獻》，六十：三（二〇〇九．九）。
陳寅恪，《柳如是別傳》，下，上海：上海古籍出版社，一九八〇。
陳清輝，《李卓吾生平及其思想研究》，台北：文津出版社，一九九三。
陳萬益，《陶庵夢憶》（導讀版），台北：金楓出版社，一九九九。
傅衣凌，〈明代泉州安平商人史料輯補——讀李光縉《景壁集》、何喬遠《鏡山全集兩書札記》〉，收於傅衣凌，《傅衣凌治史五十年文編》，北京：中華書局，二〇〇七。
傅衣凌、陳支平，《明清福建社會經濟史料雜抄》（續九），《中國社會經濟史研究》，一九八八，第二期。
湯錦台，《開啟台灣第一人鄭芝龍》，台北：果實出版社，二〇〇二。
楊自平，〈論林希元《易經存疑》的義理發揮與致用思想〉，《中國文哲所集刊》，第三十二期，二〇〇八．三。
楊國楨，〈十六世紀東海中國與東亞貿易網絡〉，《江海學刊》，二〇〇二．四。
劉婷玉，〈「朱紈之死」與閩南士紳林希元——兼論嘉靖年間閩南區域秩序之變遷〉，《明史研究》，第二十期，二〇一三．六。
鄭培凱，《湯顯祖與晚明文化》，台北：允晨文化實業股份有限公司，一九九五。
盧正恆，〈官與賊之間：鄭芝龍霸權及鄭部〉，新竹：清華大學歷史研究所碩士論文，二〇一二。
蕭敏如，《東林學派與晚明經世思潮》，林慶彰主編，《中國學術思想輯刊》，第二十一冊，台北縣：花木蘭文化事業有限公司，二〇〇九。
Ping-ti Ho, "The Introduction of American Food Plants into China," *American Anthropologist*, vol. 57, no. 2 (April, 1955).

晚明泉州的士大夫：開海、商業與宗教

2023年10月初版　定價：新臺幣480元
2024年3月初版第二刷

著者	李孝悌
特約編輯	蔡忠穎
內文排版	黃秋玲
封面設計	兒日

出版者	聯經出版事業股份有限公司
地址	新北市汐止區大同路一段369號1樓
叢書編輯電話	(02)86925588轉5305
台北聯經書房	台北市新生南路三段94號
電話	(02)23620308
郵政劃撥	帳戶第0100559-3號
郵撥電話	(02)23620308
印刷者	世和印製企業有限公司
總經銷	聯合發行股份有限公司
發行所	新北市新店區寶橋路235巷6弄6號2樓
電話	(02)29178022

副總編輯	陳逸華
總編輯	涂豐恩
總經理	陳芝宇
社長	羅國俊
發行人	林載爵

行政院新聞局出版事業登記證局版臺業字第0130號

本書如有缺頁，破損，倒裝請寄回台北聯經書房更換。　ISBN 978-957-08-7101-2 (平裝)
聯經網址：www.linkingbooks.com.tw
電子信箱：linking@udngroup.com

國家圖書館出版品預行編目資料

晚明泉州的士大夫：開海、商業與宗教/李孝悌著．
初版．新北市．聯經．2023年10月．320面．14.8×21公分
ISBN 978-957-08-7101-2（平裝）
[2024年3月初版第二刷]

1.CST：知識分子　2.CST：文化史　3.CST：社會史
4.CST：明代　5.CST：福建省泉州市

546.1135　　112013569